장사의

神

우노 다카시 지음 ― 김문정 옮김

장사의

神
신

"내 인생의 모토는 '一笑一杯'다. 한 잔 술에 한 번 웃는다!
고달픈 삶을 한 잔 술로 달래기 위해 사람들은 선술집을 찾는다.
술장사, 성공하고 싶다면
따듯한 밥을 지어 먹이듯 따뜻한 술 한 잔을 대접하라.
장사의 기본은 '정성'을 들이는 것,
그리고 술장사의 기본은
'마음을 담은 술'을 내어놓는 것이다…"

이자카야의 신,
일본 요식업계의 전설
'우노 다카시'의 제자가 된 것
을 환영합니다!

"'이자카야의 신'으로 불리는 사람이 있으니 그에게 한번 가보게."

20년 전쯤, 샐러리맨을 벗어나 이자카야를 열고 싶다고 생각하던 때 술집을 하고 있던 지인이 내게 이런 어드바이스를 했었다.

"하는 가게들마다 성공시키는 이자카야의 신이야. 그 사람으로부터 배우면 반드시 잘나가는 가게를 만들 수 있어."

당시 스물일곱 살이던 나는 이자카야를 하고 싶다고 생각하면서도 다른 가게를 보러 다니며 연구하거나, '어떤 가게를 하면 좋겠다'는 것을 구체적으로 생각하고 있지는 않았다. 그러던 차에 얻게 된 정보라 '그거 괜찮은데!' 하고 바로 달려들어서, 당시 하라주쿠에 있던 그 '이자카야의 신'이 하고 있는 가게 중 하나에 가보게 된 것이다.

그리고 나는 깜짝 놀랐다. 가게는 엄청나게 붐비고 있는데다 손님은 여자애들만 바글바글. 당시에는 나도 젊었기 때문에 여자애가 잔뜩 오는 가게라는 것만으로도 마음이 설레서 '멋진데! 이런 가게를 하고 싶어!'라고 생각했다. 그래서 재빨리 본사 사무실을 찾아가 "저, 앞으로 이자카야를 해보려고 하는 사람인데요. 여기서 공부 좀 하게 해주세요."라고 했다.

내 면접을 본 사람은 사무실뿐 아니라 가게 사람 모두로부터 '아버지'라 불리고 있었다. 그렇다, 사장인 '우노 다카시'였다(처음엔 그 호칭이 어색했지만 곧 나도 자연스레 그를 '아버지'라 부르고 있었다). 그는 오는 사람 막지 않는 타입이라 내 이야기를 모두 듣고는, "그래, 그래. 한번 해보면 되지 뭐."라고만 했다. 그리고 바로 입사. 전에 하던 일을 그만둔 이후에 약간의 돈을 모아두긴 했지만 가게를 열기에는 역부족이었고, 나는 그곳에서 독립 자금을 모으기 위해 죽을 둥 살 둥 열심히 노력했다.

쓸데없는 돈은 단 한 푼도 쓰지 않았고, 아버지 가게에서 일하는 동안 산 옷이라고는 청바지 한 벌. 식비는 가게에서 내주는 밥으로 공짜로 때웠다. 비가 오나 바람이 부나 회사에서 빌린 업무용 오토바이를 타고 출퇴근을 했다. 그래서 5년 동안 총 1천만 엔을 모았다.

아버지네 가게에 정해진 매뉴얼이라는 건 없었다. 접객이든 요리든 그리 세세한 내용들을 아버지한테 들은 기억도 없고, 오로지 선배들이 하는 것을 보고 눈동냥으로 익혀갔다. 단, 유일하게 지금도 머릿속에 박혀 있는 아버지의 말이 있는데 "자기 앞에 앉은 손님은 모두 자기 손님이라고 생각해."라는 것. 카운터 앞에 있는 주방 담당 스태프한테 아버지는 몇 번이고 반복해서 입이 닳도록 그렇게 말했다. 그러니 물수건 내는 것 하나도 아주 큰일 중 하나였다. 물수건 내기는 홀 스태프들 일이라고 생각할지 모르겠지만 아버지네 가게에서는 그 모든 게 홀과 주방의 경쟁이었다. 즉 자기보다 다른 스태프가 먼저 '눈앞에 있는 손님'에게 물수건을 건네줬다면 그건 이미 내가 패배한 거나 다름없었다.

"자기 앞에 있는 손님은 무조건 자기 팬으로 만들어."라고 아버지는 말했다. 나는 요리를 못했으니 말로 손님을 끌어들일 수밖에 없었는데, 사람들과 얘기하는 건 자신 있었으니까 매일 열심히 눈앞에 있는 손님들을 상대했더니 조금씩 접객에 자신이 붙어갔다.

그 당시, 가게가 끝나면 아버지를 포함한 모든 스태프들이 술자리를 가졌다. 다 같이 마시면서 일과 관련된 얘기를 한참을 결론도 못 내린 채 언쟁을 벌이곤 했는데, 술이 좀 더 들어가면 대부분 그러다 싸움이 되었다. 아버지는 그 전에 자버리지만 실은 자는 척하는 게 아닐까 다들 생각했다. 분위기가 좀 싸해질 때쯤 눈을 확 뜨고는, 굉장히 핵심을 찌르는 말을 하면서 그 자리를 잘 마무리했기 때문이다.

그 시절, 아버지는 아이의 교육을 위해 여유로운 환경에서 살고 싶다며 하치가오카에 집을 마련했다. 일주일에 절반은 도쿄에 있었지만 나머지는 거기서 특급 열차를 타고 출퇴근을 했다. 부지가 600평가량 되는 집으로, 안채 외에 복도로 연결된 통나무집이 있었는데 거기는 사원들의 아지트였다. 아버지가 도쿄에 없을 때는 영업이 끝나는 대로 차로 고속도로를 내달려 새벽 2~3시에 그곳에 도착했다. 그리고 통나무집 문을 열면 아버지가 "수고했어."라고 쓴 종이가 놓여 있고, 우리는 사이드 보드에 놓인 소주나 위스키를 마구 마셔댔다. 아침에 눈을 뜨면 "아침밥 먹어야지."라며 아버지가 우리를 부르러 왔고, 우린 안채의 넓은 테라스에서 눈앞에 펼쳐진 대자연을 즐기며 아침밥을 먹었다. 마치 영화나 드라마에서나 나올 법한, 말도 안 되는 생활이었다.

세상에는 말로 '꿈꾸는 것'의 중요함을 이야기하는 경영자들이 많다. 하지만 아버지는 결코 입으로는 '꿈을 꾸라'고 하지 않았다. 대신 "너희들도 열심히 하면 이런 생활을 누릴 수 있어."라고 누구라도 동경할 만한 생활을 실제로 눈앞에 보여주었다. 그것은 백 마디 말보다 훨씬 엄청난 임팩트였다. 아버지는 현실에서 그 모습을 그대로 이룬 '꿈'을 보여주었다. 그랬기 때문에 우리들의 마음속 깊은 곳에서도 '이런 생활을 하고 싶다'는 희망이 일었고, 그것은 우리가 열심히 일할 수 있는 원동력이 되었다.

나는 3년째 되던 해 점장을 맡게 됐고, 5년째 되던 서른두 살에 독립했다. 점장이 그만두면 접객이나 요리에 반드시 변화가 생기기 때문에 가게에 있어서는 엄청난 손해였다. 그래서 그만둘 때 말을 꺼내기가 참 힘들었지만 아버지에게 "독립하고 싶다"고 했더니 그는 느긋한 태도로 "응, 좋은 일이야. 정말 잘됐어."라며 기분 좋게 보내주었다.

하지만 막상 직접 가게를 가져보니 어안이 벙벙했다. 그때까지 꽤 자신도 있었고 점장으로서도 잘해왔다고 생각했는데 나 혼자가 되니 머릿속이 새하얘지는 것이었다. 역 근처에서부터 주택가가 넓게 퍼져 있는 니시 오기쿠보에 가게를 냈는데 매일매일 객석은 텅 비었고, 어떻게 해야 좋을지 몰라 머리를 싸매다 고작 아파트 우편함에 전단지를 넣거나 역 앞에서 유인물을 나눠주곤 했다.

손님이 없던 내 가게에 아버지는 이따금씩 술을 마시러 와줬다. 그러고는 요리가 어떻다는 둥 가게가 어떻다는 둥 잔뜩 불평하다가, 심할 때는 "이런 한가한 가게는 혼자로도 충분해."라며 한 명 더 있던 직원에게 가게를 맡기고 나를 가게에서 데리고 나왔다. 그리고 스낵바나 다른 가게들 여기저기를 데리고 다니면서 설교를 했다. 그런 식으로 아버지와 이야기를 하던 중에 문득 깨달았다. 가게는 '일단 손님을 어떻게 끌고 올까'가 중요한 게 아니라 '가게가 어떻게 계속 돌아가게 만들까' 즉, 한 번 온 손님을 어떻게 하면 계속해서 다시 오게 만들까가 중요하다는 것을.

손님이 찾아와도 그가 다시 와주지 않는다면 영원히 새로운 손님을 개척하지 않으면 안 된다. 하지만 손님을 기쁘게 해주고 즐거운 기분으로 돌아가게 한다면 다시 오고 싶어질 것이다. 그게 중요하다!

난 그때까지 손님을 불러 모으는 것만 생각하고 있었지, 손님이 우리 가게에서 기분 좋게 있다 돌아가게 만드는 것은 생각하지 못했다. 그거야말로 내가 지금 꼭 해야만 하는 일이라는 걸 깨달은 것이다.

아버지는 "음식점은 건전한 '다단계 사업'이야."라고 자주 말하곤 했다. 가게를 좋아해주는 손님이 다음 손님을 데려와주고, 그 손님이 또 다음 손님을 데리고 찾아와주니까. 가게라는 건 그런 식으로 성장해간다는 의미였다.

그때부터 난 뭘 해야 손님들이 좋아할지를 열심히 생각하기 시작했다. 예를 들어, 가게가 한가하면 전날 남은 걸 그 다음날도 내서 대충 때우는 경우가 많았는데, 그래서야 손님이 절대 즐거워할 리가 없었다. 그러니 아무리 한가해도 매일 매일 새로운 추천요리를 만들었고, 그러자 팔 의욕이 나기 시작했다. 손님한테도 자신을 갖고 추천할 수 있으니 점점 자신감도 붙었다.

메뉴를 만들 때도 손님이 기뻐하는 모습을 떠올리면서 생각하게 됐다. 전에 영업이 끝나고 갔던 술집에서 주인아줌마가 눈앞에서 생자몽을 짜서 칵테일을 만들어줬는데, 당시에는 그런 걸 본 적이 없으니 너무 감동적이었다. 이건 우리 손님들도 반드시 좋아할 거라고 생각하고 바로 큼지막한 믹서를 사왔다. 그걸로 생 자몽 칵테일을 만들어냈더니 엄청나게 잘 팔렸다. 그리고 곧 거짓말처럼 손님이 늘어나서 가게가 번창하기 시작했다.

독립한 스태프들을 언제까지나 보살펴주는 한편, 아버지는 엄청나게 지는 걸 싫어하는 사람이었다. 가게를 가진 젊은 애들한테도 라이벌 의식을 그대로 드러냈다. 우리가 더 젊으니까 이것저것 새로운 걸 생각해내서 "어때요, 이런 거 정말 재밌죠?"라며 자꾸자꾸 아버지가 질투하게 만들어야 할 텐데, 그는 60대 중반이면서도 아직까지 우리를 앞질러 다양한 것들에 도전하고 있는 것이다. 정말 대단하다고 생각했다.

그런 아버지를 처음, 진심으로 질투하게 만들었다 싶은 가게를 내가 연 적이 있다. 니시아자부 단독 건물에 오픈을 한 이자카야. 나의 세 번째 가게.

가게를 만들 때 내 머릿속에 이미지화했던 것은 '남자가 여자를 유혹하고 싶어지는 가게'였다. 주변에 역 같은 게 없는 그런 장소였는데 "오, 이런 데도 가게가 있네?" 같은 얘기를 하며 남자가 여자를 데리고 걸어오는 거다. 그리고 간판도 아무것도 없는 '민가'의 문을 연 순간, "어서 오십쇼!"라며 갑자기 이자카야의 세계가 펼쳐지는 것!

취재에도 일절 응하지 않았다. 여성 정보지 같은 데 한 번이라도 나가면 "아, 나 여기 ○○에서 본 적 있어."라고 여자가 말하게 될 테니까. 그러면 남자들은 체면이 서지 않는다. 먼 데까지 찾아오게 했지만 결코 헛걸음하지 않았다는 생각, 손해봤다는 생각을 하지 않게 만들겠다는 마음으로 만들었다. 개점한 건 10년도 더 전이지만 최근 영국의 유력 일간지 〈가디언〉지의 기자가 매긴 '도쿄 이자카야 랭킹'에서 톱을 차지했다. 가게를 처음 냈을 때 오프닝 파티에 아버지를 불렀는데, 아버지는 그저 안을 한번 휙 둘러보고는 그냥 돌아가버렸다. 실은 같은 시기에 시모키타자와에 아버지의 가게가 문을 열었는데 '한방 먹었다'고 생각한 모양이었다. 게다가 아버지의 가게와 같은 인테리어 업자가 손을 댄 가게였던 것이다.

아버지의 가게는 건물 안에 있는 곳이었기 때문에 단독 건물에 인테리어를 한 것과는 비교할 수 없었지만, 아버지에게 있어 조건의 차이 같은 건 문제되는 게 아니었다. 오직 자신만이 상대가 질투할 만한 가게를 해야 하는, 그렇게 욕심 있는 분이었으니까.

최근 20년 동안 요식업계는 크게 변모해왔다. 버블 직후에 비하면 대기업으로 불리는 외식 기업들이 시장 전체에서 차지하는 비율도 높아져 이제는 업계가 '기업화'되어가는 실정이다. 이런 상황 속에서도 아버지는 몇십 년이 흘러도 전혀 바뀌지 않는 '장사를 향한 기본자세'

를 갖고 있는 사람이었다.

20여 년 전, 세상이 호경기로 부글부글 끓어오르던 시절, 연일 손님들로 가득 차는 가게를 하고 있던 아버지에게 프랜차이즈에 대한 제안이 얼마나 밀려들었을까. 프랜차이즈화를 하게 되면 창업자에게는 막대한 이익이 굴러들어올 게 뻔하고, 회사도 훨씬 '번듯해'지는데. 나였다면 마음이 흔들리지 않았을 자신이 없다. 하지만 아버지는 그런 데 일절 동요하지도, 흥미를 갖지도 않았다.

"회사를 크게 만들고 일이 바빠져서 수첩이 새카맣게 되는 그런 지루한 인생은 살고 싶지 않아." 이는 아버지의 입버릇과도 같은 말이었다. 그에게 있어 일은 살아가기 위한 수단이었고, 그의 인생에서 우선순위가 가장 높은 건 항상 가족과의 생활이었다.

나는 아버지가 '경영자'가 아니라 철저한 '술집 아저씨'라고 생각한다. 아버지는 항상 숫자 관리는 세무소에다 맡기고, 자신은 매일 밤 술을 마시러 다니곤 했으니까. 단, 그러다가 '이거다!' 싶은 가게를 발견하면 가게 스태프들한테 "이런 가게가 있어!"라고 말하거나, 직접 그곳으로 데려가서 스태프들의 견문을 넓혀주곤 했다. 실은 이런 모습이야말로 음식점 경영자의 가장 중요한 자질이 아닐까 싶다.

나도 지금 도쿄에서 가게를 8개까지 경영하다 보니 이 일의 진정한 재미, 가게 운영의 행복을 이제 겨우 알기 시작한 것 같다. 그렇게 아버지로부터 배운 것들을 지금도 마음으로 되새기고 있다.

끝으로 나 이전에도 아버지의 가게에서 독립해 성공한 선배들이 많이 있기에, 내가 아버지의 책에 이런 글을 쓰는 건 대단히 송구스러운 일이라는 생각이 든다. 하지만 마지막을 빌어 말하고 싶다.

"아버지의 가게에서 '졸업'한 모두를 대표해서 말하겠습니다. 아버지, 감사합니다. 그리고 앞으로도 계속 우리가 질투할 만한 그런 가게를 만들어주십시오. 언제까지나 쭉, 잘 부탁드리겠습니다."

2011년 3월 베이식스 대표이사 이와사와 히로시

이와사와 히로시 ───────────────────────────

1961년, 도쿄 출생. 27살 때 의류 제조 업계에서 샐러리맨 옷을 벗고, 라쿠 코퍼레이션의 문을 두드림. 5년 후에 독립, 1993년 도쿄 니시오기쿠보에 1호점 '테얀데이(てやん亭)'를 엶. 그리고 3년 후에는 오모테산도에 가게를 오픈. 이후 니시아자부, 롯본기, 시부야 등 도쿄의 인기 지역에서 '테얀데이' 외에 '죠몬' 등 8개의 가게를 거느림(2011년 3월). Zetton의 이나모토 켄이치(稲本健一) 사장, Diamond Dining의 마츠무라 아츠히사(松村厚久) 사장 등 업계에서 주목받는 젊은 경영자들과의 교류도 깊음. 간판 없는 가게가 주특기로 2011년 1월 기준으로, 전 가게에서 연 매출 6억 엔(약 86억 원)을 올리고 있음.

토마토를 자를 수 있다면 밥집을 열 수 있고, 병뚜껑을 딸 수 있다면 술집을 할 수 있다!

이 책은 일본의 외식시장 트렌드를 반영하는 잡지 〈닛케이 레스토랑〉에 내가 약 7개월 동안 연재한 내용을 엮은 것이다. 기사의 제목은 '우노 다카시가 알려주는 작은 가게 잘 되는 법'이었다. 그 글을 연재하는 동안, 나는 최대한 나의 제자와 창업을 준비하고 있는 사람들에게 '생생한' 현장의 목소리를 들려주기 위해 노력했다. 그래서 말투 또한 실제로 이야기를 들려주는 듯한 말투를 사용했다.

그 글들을 책으로 엮으면서, 독자들이 나의 이야기를 통해 기존의 딱딱하고 어려운 창업교과서가 아니라 지금 당장 자신의 가게에 적용할 수 있는 실질적인 팁을 얻었으면 좋겠다고 생각했다. 그러한 의도와 함께 다소 거칠게 느껴질지도 모를 문체에 대해 독자들의 양해를 구하며, 선배가 들

려주는 조언이라는 생각으로 기분 좋게 읽어나가기를 바란다. 그럼, 지금
부터 이야기를 시작해볼까.

밥집, 술집은 하려고만 들면 누구나 할 수 있는 장사야. 그도 그럴
게 말이지. 은행원이나 의사는 되고 싶다고 아무나 할 수 있는 게 아
니잖아? 하지만 이자카야는 어때. 대표 인기 메뉴인 '토마토 샐러드'
같은 건 토마토를 그냥 썰 수만 있어도 되고, 맥주도 병뚜껑만 따서 손
님한테 "여기 있습니다!" 하고 내밀면 되지. 그렇게만 하는데도 원가
보다 많이 받아서 돈을 벌 수 있잖아. 이런 돈벌이가 또 있을까 싶어.

대학 시절에 그걸 깨달았지.

경제학부로 진학을 하긴 했는데, 주변에서 다들 구직활동을 할 때
나는 '은행원은 못될 것 같다'는 생각이나 막연히 하고 있었어. 강의
시간에는 새뮤얼슨(Paul Anthony Samuelson, 미국의 경제학자)의 경제학 같
은 얘기나 하고 엄청난 그래프 같은 게 나오는데 하나도 재미가 없는
거야. 내가 있을 세계가 아니라고 생각했지.

그러던 어느 날 부부가 하는 어묵 집에 가게 됐어. 남이 만든 어묵
을 국물에 넣고 팔팔 끓인 걸 그냥 내는 게 끝이야. 그런데도 그 가게
는 엄청 인기가 좋아서 1년에 한 달 정도씩은 부부가 '해외여행으로
금일 휴업'과 같은 벽보를 유리문 앞에 붙여놓곤 했어. 그때 난 생각

했지.

'어, 이거 괜찮은데? 이 정도면 나도 할 수 있겠어. 무지 재미있겠는데!'

아무리 그래도 대학까지 보내놨는데 갑자기 어묵 집 한다고 하면 부모님이 너무 슬퍼하실 것 같아서 처음에는 일반 회사에 취직을 했어. 요식 업계랑 조금이라도 관련이 있는 게 좋을 것 같아서 신문 모집 공고를 보고 커피원두 판매회사에 들어갔지.

그땐 얼마나 풋내기였겠어. 그러니 커피콩을 사러 남미까지 가는 그런 꿈도 꾸곤 했지. 하지만 내가 배속된 건 그 회사에서 직영하는 커피숍에서 자잘한 일들을 맡아 하는 것. 그게 내 요식 업계 경력의 시작이었지.

가게에서는 십대 때부터 거기서 일한, 나보다 어린 선배 밑에서 일하게 됐어. 물론 난 얌전히 시키는 일이나 묵묵히 할 생각은 전혀 없었지. 우선 '어떻게 하면 눈에 띌 수 있을까?'를 고민했어. 선배가 대걸레로 바닥을 청소하는 걸 보면서 '대걸레 대신 손걸레로 청소를 한다면 3개월 안에는 주목을 받을 수 있겠군.' 하고 생각했지. 그리고 진짜 그렇게 한 지 한 달이 지나자 회사 상사가 가게로 찾아와서 "너 정말 대단하구나!" 하며 칭찬해줬어. 게다가 난 나름대로 아이디어 내는 걸 좋아해서 틈만 나면 '이러면 어떨까, 저러면 어떨까'를 궁리해서 이것저것 실험도 해봤지. 체인점이 아닌 작은 가게라서 가능한 일이었을 거야.

가게 여자애들의 관심을 끌고 싶어서 '어떻게 하면 저들을 기쁘게 할 수 있을까?'도 항상 생각했어. 그러다 눈에 들어온 게 바로 테이블마다 놓여 있는 설탕 그릇이었어. 매일 아침 여자애들이 그릇에 설탕을 채워 넣는 귀찮은 일을 해야 했거든. 그래서 아침마다 여자애들이 오기 전에 그릇을 하얀 설탕으로 가득 채워놓곤 했지. 그 정도는 아침에 10분만 일찍 오면 됐으니까. 순식간에 "우노 군, 좋은 사람이다!" 하며 주가가 올라가기 시작했어.

그 가게는 큰 백화점 별관에 있어서 백화점의 높은 사람들도 자주 커피를 마시러 오곤 했지. 하루는 임원급으로 보이는 연배의 손님이 한 명 와서는 "오랜만에 최전방 전투기에 탈 만한 사람을 만났어 (ゼロ戦, 제2차 세계대전 무렵 활동하던 전투기를 뜻함)."라고 하는 거야. 전투기란 자고로 격추되지 않도록 항상 후방에 신경 써야 하잖아. 내 접객 태도에서 그런 느낌을 받은 거지. 더 구체적으로 기억이 나진 않지만 그때 기분이 정말 좋았던 것만큼은 선명하게 떠올라.

1년 반 정도, 그 가게에서 일하다가 그곳에 자주 오시던 손님의 권유로 가게를 그만두고 그분이 경영하던 커피숍의 점장을 맡게 됐어. 그것이 독립을 향한 첫걸음이었지. 그 후의 일들은 이 책 여기저기 써 났으니까 읽어줬으면 해.

요식업 쪽에 들어온 지도 벌써 40년이 넘었어. 새삼 느끼는 건 역시 요식업은 정말 '편한 장사'라는 거야. 다들 손님이 안 온다고, 좀처럼 생각대로 안 팔린다고, 진짜 큰일이라고 쉽게들 말하잖아. 하지만 우리가 팔고 있는 걸 만드는 사람들의 고생에 비한다면 힘들다는 소리는 쉽게 못 할 것 같아.

생각해봐. 농사를 짓는 사람들은 맛있는 토마토를 만들기 위해 밭을 갈고 잡초를 뽑고 날씨랑 싸우고 있잖아. 맥주만 해도 수많은 사람들이 엄청난 연구를 거듭하고 큰 공장을 세워서 좀 더 맛있는 제품을 만들어내기 위해 끊임없이 노력하고 말이야. 그렇게 많은 사람들이 시간을 들여 열심히 만들어낸 걸 손님한테 "맛있죠?" 하며 내는 건데. 그렇게 먹고 마시게 만들기 위한 노력 같은 건 노력이라고 할 수도 없을 것 같아. 그래서 난 정말 즐겁다고 생각하면서 일해. 즐겁지 않다면 그건 거짓말일 거야. 잡초 뽑기 같은 건 난 아마 5분이면 지쳐 나가떨어질 걸.

즐기면서 장사하는 것. 오랫동안 이 일을 하며 살아왔지만 그중에서도 단연 돋보이게 그런 방식으로 살아온 사람의 얘기를 좀 하고 싶어. 자그마한 양식집을 경영하던 '유지'라는 녀석 얘기야.

유지와의 첫 만남은 무척이나 강렬했지. 녀석은 장사에 대한 내 생각 자체를 바꿔놓았어(이것도 본문에 있으니 읽어주길). 녀석은 자기 주변에 있는 건 뭐든 장사랑 연결 짓는 그런 녀석이었어. 친구가 되고 나서 같이 유럽 여행을 갔을 때는 레스토랑에 식사하러 갈 때마다 사전 양해도 없이 부엌에 척척 들어가서는 요리하는 걸 보는 거야. 당연히 레스토랑 쪽에서는 지금 뭐 하는 거냐고 화를 내지. 그러면, 자기는 일본에서 지중해 요리 레스토랑을 하고 있어서 이런 요리에 관심이 많다, 뭐 그런 얘기를 말도 제대로 못하면서 손짓발짓으로 설명하는 거야. 나는 옆에서 진땀을 뺐지.

하지만 레스토랑 주인도 결국 같은 업계 사람이니, 유지가 말을 꺼내면 호기심을 가질 수밖에 없어. 일본에서는 어떤 요리를 해서 손님들을 끌어들이는지 흥미가 생기는 거지. 그렇게 레스토랑을 갈 때마다 거기 주인이랑 친해져서는 같이 어깨동무하고 가게 앞에서 사진을 찍거나, 거기 간판이랑 메뉴를 카메라에 담곤 했지. 일본에 돌아와서는 촬영한 수십 장의 사진을 자기 가게에 붙여놨어. 손님이 그런 걸 보면 재미있기도 하고 왠지 매력적이잖아. 유지는 항상 그런 식으로 가게에 활력을 불어넣을 수 있는 방법을 연구했고, 그런 고민들을 할 때면 얼굴은 밝고 생기가 넘쳤어. 그러니 가게는 손님들로 가득 붐빌 수밖에.

굳이 어려운 걸 생각하지 않더라도, 조금만 주변을 둘러보면 가게를 매력적으로 만들 수 있는 방법은 정말 어디서든 찾을 수 있어. 유지는 바로 그런 걸 내게 가르쳐주었다고 생각해.

우리 가게에서는 매년 대여섯 명의 점장이 '졸업'이란 걸 하고 나가서 독립해. 그런 애들은 대부분 가게 스태프를 한두 명씩 데리고 나가니까 솔직히 우리 입장에서는 좀 힘들긴 하지. 그래도 나는 그 애들을 붙잡지 않아. 그럴 생각조차도 안 하지. 요식업계에 발을 들여놓은 이상, 한 나라 한 성의 주인이 되지 않으면 그 삶이 즐거울 수 없다고 난 생각하거든. 평생 다른 사람 밑에서 지루한 표정으로 하루하루를 보내다간 인생이 망가져.

나는 우리 애들이 언제까지고 반짝반짝 빛났으면 해. 함께 일하던 스태프들을 독립시키지 않고 혼자 다 끌어안은 채 회사만 크게 키운다고 뭐가 그리 즐겁겠어. 규모가 커지면 회사 관리만 하며 인생을 보내게 되겠지. 난 그런 건 절대 사절이야. 나는 어디까지나 인생을 즐기기 위해 이 길에 들어선 사람이니까.

우리 가게 졸업생들은 이제 홋카이도에서 오키나와까지 일본 전국에 퍼져 있어. 그 아이들이 모두 즐기면서 가게를 하고 있지. 다양한 아이디어로 자기들만의 개성이 넘치는 가게를 운영하면서 '와…… 이런 것도 하는구나.' 그렇게 나를 놀라게 하며 자극시켜. 그러면서 자기가 성장한 '라쿠 코퍼레이션(나의 가게)'의 가게를 언제까지나 소중하게 여겨주고 있어. 내게 있어서는 대단한 재산인 거지. 회사를 크게 키워서 전국 확장을 하더라도 절대 이런 행복은 쉽게 손에 넣을 수 없을 거야.

　　지금까지 우리 가게에서는 수많은 졸업생들이 둥지를 떠나갔어. 100명을 넘긴 시점부터는 이제 몇 명인지도 모르겠지만 아마 200명 정도는 될 것 같아. 기쁘게도 졸업생들의 가게에서 독립해서 가게를 낸 애들도 점점 늘고 있어. 나한테는 '손자' 같은 거지.

　　이 책에는 그런 애들에게 내가 항상 얘기하던 내용이 담겨 있어. 그냥 평범한 이자카야 아저씨의 얘기지만 앞으로 가게를 해보려는 사람들, 가게를 운영하는 게 '힘들기만' 하고 '즐겁지' 않은 사람들에게 조금이라도 도움이 된다면 크나큰 기쁨이 될 거야!

　　　　　　　　　　　　　　　　라쿠 코퍼레이션 사장, **우노 다카시**

장사의 神

차
례

Part 1
장사 안 되는 가게는 있을 수 없다

손님도, 나도, 즐거운 가게를 만드는 '작은 가게 1등 전략'

Part 2

인적이 드문 곳에 가게를 열어라

'이자카야의 신'이 밝히는 입지 선정 노하우

Part 3

요리를 못해도 인기 메뉴는 만들 수 있다

무조건 성공하는 메뉴 만드는 법

Part 4
손님을 기쁘게 하는 방법은 간단하다
한 번 온 손님은 누구나 반해버리는 접객 비법

Part 5
'팔자'고 생각하면 날개 돋친 듯 팔릴 것이다
이유 불문하고 팔리는 비법

일러두기

이 책은 일본의 외식시장 트렌드를 반영하는 인기 잡지 〈닛케이 레스토랑〉에 저자가 2007년 5월~12월호까지
연재한 '우노 타카시가 알려주는 작은 가게 잘 되는 법'을 가필 수정하여 출간한 책입니다.
이 책에서는 일본의 화폐인 '엔'화를 그대로 표기하였습니다. 2012년 9월을 기준으로 100엔은 약 1,425원입니다.

Part 1

장사 안 되는 가게는 있을 수 없다

손님도, 나도, 즐거운 가게를 만드는 '작은 가게 1등 전략'

처음부터
안 되는
가게는 없다!

자기 가게를 시작하려고 할 때, 아마 모든 사람들에게 이런 불안이 먼저 찾아올 거야.

'혹시 손님이 한 명도 안 오면 어쩌지?'

만약 이런 생각 때문에 걱정이 태산이라면, 가게는 하지 않는 게 좋아.

처음부터 '돈을 못 버는' 음식점이 어디 있겠어? 생각을 해봐. 사람은 누구나 매일같이 먹고 마시잖아. '먹는다'는 건 사람이 살아가는 데 꼭 필요한 행위지. 피자든 라면이든 맥주든…… 먹고 싶고 마시고 싶어 하는 사람은 산더미처럼 있어. 그러니 그런 걸 제공하는 가게가 잘 안 될 리가 없지. 가게를 시작할 때는 '손님 안 오면 어쩌지?' 같은 생각은 하지도 말라고. '이 정도면 꼭 올 거야!' 라는 자신이 없으면 가게는 하지 않는 게 좋아.

피자든 라면이든 맥주든…… 먹고 마시려는 사람은 넘쳐 나. 애당초 '안 되는' 가게란 없다고.

　초밥 집이나 이태리 레스토랑처럼 요리사의 실력이 필요한 가게 라면 얘기는 좀 다르겠지. 하지만 내가 하고 있는 이자카야처럼 프로 요리사가 아니라도 할 수 있는 그런 가게에서는 돈 못 벌 일은 절대 없어. 보라구. 슈퍼마켓에서 한 개 100엔에 산 토마토가 50미터 떨어 진 이자카야에서 냉장고에 시원하게 두었다 썰기만 했는데 300엔이 돼. 심지어 그걸 보고 손님들이 "진짜 싸다!!!"하며 기뻐하는 그런 세상이라고. 이렇게 간단히 부가가치를 얻을 수 있는 장사가 또 있을 까 싶어.

　맨 처음 내가 이 세계에 들어오려 생각한 계기 중 하나가, 이런 요 식업계의 '위대함'을 깨달았기 때문이었어. 대학 시절, 시모키타자와 (下北沢, 소극장과 옷가게 등이 밀집한 젊음의 거리)에 자주 가는 어묵 집이 있 었는데, 어묵 외에 다른 메뉴로는 '닭다리 구이'랑 '맥주' 정도밖에 없 는 가게였어. 그런데도 그 집 주인인 부부는 1년에 총 한 달 정도 해 외여행을 다니더라고. 지금처럼 누구나 다 해외에 나가는 시대가 아 니라 1960년대, 1달러가 360엔 하던 그 시절에 말이야! 이건 정말 '대 단하다'고 생각했어.

　생각을 해봐. 어묵 같은 건 다른 사람이 다 만들어놓은 재료를 국물에 넣기만 하면 되잖아. 그렇게만 해도 원래 가격보다 훨씬 비싼 값에 팔 수 있다니, 충격이지! 그래서 생각했어.

'이런 걸로 장사가 된다면, 나도 성공할 수 있다!'

자신감은 넘쳤지만, 실은 나도 이 업계에 막 들어섰을 무렵엔 실패도 했어. 젊은이들을 타깃으로 맨 처음 열었던 이자카야에서는 '비프 스튜'나 '햄버거'를 아침부터 열심히 만들었는데 좀처럼 나가질 않는 거야. 대체 왜 안 나갈까를 열심히 생각하다가 어느 순간 깨달았어.

영업을 끝내고 동료들과 자주 들르던 술집에서 먹었던 메뉴. 그건 그저 치즈랑 피망을 둘둘 볶기만 한 거였어. 그게 우리가 이토록 공들여 만든 햄버거랑 똑같은 금액인 600엔. 결국 술집에서 먹고 싶은 요리란 이런 거구나, 하고 깨달았지. 어떤 노력보다도 손님이 즐겁고 가게가 편안한 것, 그게 중요하다는 걸 말이야. 그러면서 '장사라는 것의 정답이 뭘까?' 하는 생각이 들기 시작했지.

그 즈음, 난 때마침 후쿠오카에서 유행하던 한 가게에서 힌트를 얻어 '화로구이'를 도입했어. 진짜 화로 같은 건 못 만드니까 카운터 앞에 꼬치구이 두 개를 놨지. 그 위에 쇠사슬을 걸고 그 사이를 가로지르도록 봉을 단 다음 건어물을 걸어놨어. 그랬더니 그게 완전 대박이 난 거야. 건어물은 하루 만에 전부 다 팔려버렸지. 그것만 해도 지금까지 팔았던 모든 안주의

메뉴의 종류나 음식의 수준보다 더 중요한 건, 바로 '손님들이 얼마나 편하게 즐길 수 있느냐' 하는 거야!

메뉴의 종류나 음식의 수준보다 더 중요한 건,
바로 '손님들이 얼마나
편하게 즐길 수 있느냐' 하는 거야!

매상이 되더라고. 바로 메뉴를 싹 다 바꿨고, 손님도 늘어났어.

모두들 '음식이 잘 안 팔려서 고민'이라고 쉽게들 말하잖아. 난 그게 참 이해가 안 돼. 새로운 메뉴를 만들어보거나 실내장식을 바꾸려고 시도해보는 게 얼마나 즐거운 일이냐고. 잘 안 팔리는 원인을 생각하는 것도 똑같은 일이야. 그러니 '고민'이 아니라 '즐거운 일'이고 재미있다고 생각하면 좋을 것 같아.

가령 똑같은 걸 팔고 있는데 옆집에는 손님이 많고 우리 집에는 손님이 없어. '대체 왜 그럴까? 뭐가 다르지?' 하며 옆집을 살펴보러 갈거 아냐. 근데 그때 '우리 집은 장사가 잘 안 돼서 고민이니까 살펴보러 간다'고 생각하면 진정한 음식점 경영자가 아니야. '뭐가 다르기에 저렇게 잘 될까?' 하며 호기심과 흥미를 갖고 보러 가보라고. 마음가짐 하나로 보는 방식이 바뀌고, 흡수할 수 있는 것도 늘어나게 돼. 결국 가게의 미래도 바뀌게 될 거야.

종종 라면 가게를 갈 때면, 나는 항상 참 안타까워. 라면 가게는 보통 재료에 신경을 많이 쓰잖아. 수프에도 엄청난 재료를 쓰고 말이야. 하지만 손님들은 큰 솥에서 끓고 있는 그 상태만 볼 수 있으니 그 재료들이 얼마나 대단한지는 전혀 알 수가 없어.

만약 나라면, 카운터 자리랑 마주보는 쪽 주방 벽에다 유리문 냉장고를 설치할 거야. 그리고 하루치 수프 재료를 그 안에 걸어놓고 '몇월 며칠분, 돼지뼈 50kg, 닭발 30kg' 이런 식으로 써놓는 거지. 말린 생선 포대에도 '몇 월 몇 일분 ○○kg'이라고 붙여서 손님 자리에서 보이는 데다 놔둘 거야. 그걸 보는 손님들은 대부분 무척 신기해하거든. 왠지 믿을 만한 가게라고 느껴지고 말이야. 평소와 똑같은 라면을 내더라도 더 잘 팔리는 가게가 될 거라 생각해.

'오늘 장사 안 된다, 잘 안 팔린'는 것도 생각하기 나름인 것 같아. 난 하루 매상이 3만 엔이라도 글렀다는 생각은 안 해. 3만 엔이면 한 손님당 단가 2천 엔이라고 가정했을 때 15명의 손님이 와준 거잖아. 생면부지였던 손님을 무려 15명이나 만나게 된 거야. 그것도 내 가게를 선택해서 와준 거니까 그것만으로도 얼마나 즐거워. 내가 음식장사를 하겠다고 이 길을 선택해놓고선 상황을 마이너스로 바라보는 건 가장 안타까운 일이야. 이럴 때 바로 '어떤 마음가짐을 갖느냐'가 '잘 되는 가게'로 이어지는 거라고.

난 항상 가게 아이들에게 말하곤 해. 요식업계에 들어선 이상 언젠가는 자신의 가게를 가지라고 말이야. 그런 꿈을 가지라고! 스스로 가게를 경영한다는 건 정말 즐겁고 보람찬 일이야. 무엇보다 내가 노력한 만큼 확실하게 대가를 챙길 수 있으니까. 평생 누군가 밑에서 투덜거리면서 일하기보다 자기 가게를 가져! 그리고 장사를 즐겨! 나는 그렇게 생각해.

유행을 좇지 말고 스스로 즐길 수 있는 가게를 만들어라

'어떤 손님을 타깃으로 한 가게를 만들까?'

보통 장사를 시작하기 전에 이런 생각을 하는데, 이건 '어떤 손님을 타깃으로 했을 때 장사가 잘 될까?'라는 질문과는 달라. 그렇게 생각할 게 아니라 '내가 어떤 가게를 하고 싶은가?', '어떤 가게라면 오랫동안 할 수 있을까?'를 고려해서 결정할 문제라고 생각해.

나 같은 경우엔, 항상 여자애들이 가고 싶어 하는 가게를 생각하고 있었어. 그건 '여자애들이 오는 가게가 잘 될 거야.'라고 생각해서가 아니라, '그런 가게라면 나 스스로 오랫동안 해나갈 수 있을 것'이라 생각했기 때문이야.

예를 들어, 시내에 해산물 요리로 엄청나게 인기 있는 이자카야가 있는데 말이지, 항상 싸고 푸짐하고 신선한 생선을 내놓는 거야. 원가율을 생각하면 다른 데서는 도저히 따라 할 수가 없어. 이윤을 이만큼 남기면서 장사하려 들지를 않을 테니까. 대신 이런 가게는 특정 손님층을 의식할 필요가 없어. 음식 값에 비해 요리 퀄리티가 너무 높으니까 그것만 갖고도 여자애든 샐러리맨이든 불러 모을 수가 있거든. 극단적으로 말해 접객을 안 하더라도 손님들은 화도 안 낼 거야. '이 정도 요리를 내놓으려면 접객할 시간도 없겠구나.' 하고 생각할 테니까.

뉴욕에도 이런 가게가 있는데, 가본 적이 있지. 가격에 비해서 요리가 너무 괜찮은 거야. 야키소바가 2달러, 맥주가 1달러야. 그러니 연일 초만원이었지. 하지만 점원은 손님의 주문을 처리할 뿐 접객은 하지 않았어. 메뉴 다해봤자 3달러인데, 접객까지 요구했다간 가게 쪽에서 화내고 싶어질 거야.

하지만 난 그런 3달러짜리 가게를 계속 할 수는 없을 것 같아. 나는 가격보다는 접객으로 손님을 즐겁게 해주는 타입이거든. 그래서 여자애들이 오는 가게가 좋겠다고 생각한 거야. 나는 접객하는 걸 좋아하니까, 여자애들을 맞으며 장사를 해나가는 건 생각만 해도 즐겁고 기분이 좋거든.

이렇게 즐겁게 가게를 운영한다면 가게 직원이나 아르바이트 애들 역시, '요식업 괜찮은데?' 하고 생각하게 될 거야. 그런 직원들이 나중에

'어떤 손님을 타깃으로 한 가게를 할까?'가 아니라 '어떤 가게를 해야 내가 즐거울까?'를 생각해야 해. 그곳만의 가치관이 있는 가게, 그래서 손님들이 '멋지다'고 말해줄 수 있는 가게를 만들라고.

독립해서 또다시 즐거운 가게를 열어준다면, 그것 역시 나의 재산이 되는 거고. 이건 가게 입장에서 좋고 나쁜 문제가 아니라 자신의 인생에서 무엇을 추구할지의 문제라고 생각해.

그러니 가게를 만들 때는 '어떤 가게를 해야 잘 될까?'만 궁리하지 말고, '어떤 가게를 해야 내가 진심으로 즐거울 수 있을까?'를 생각하라고. 그것이 오랫동안 장사를 해나갈 수 있는 기본이라 생각해.

내가 자주 가는 인기 있는 라면 가게가 있는데 말이야. 뭐, 단골이라 해도 기껏해야 1~2년에 한 번 가는 정도긴 하지만. 그래도 가게에 들어서면 "어, 또 와줬네!" 이런 식으로 꼭 말을 걸어주는, 느낌이 좋은 아저씨가 있어. 10명 정도 앉을 수 있는 작은 가게인데 테이블엔 일본술이 놓여 있고, 술안주도 여러 가지가 있지. 그래서 아무리 붐비더라도 술을 마시며 느긋하게 있을 수가 있어. 사람들이 빨리 드나들게 해서 가게의 회전율을 높이려고도 안 해. 때때로 신문지로 말아서 라벨을 가린 술을 내주기도 하는데, "이게 뭐지?"라고 물으면 "맛있으면 됐지, 뭐." 그렇게 대답하는, 아주 재미있는 가게야.

그 아저씨는 또 '스페인 국제회의에 참석함' 같은 농담을 쓴 종이를 붙여놓고, 여름에는 한 달 정도 쉬곤 해. 가게에 에어컨이 없어서 자기가 더워서 그런다는 거야. 하루는 가게 단골처럼 보이는 고등학생들이 지나다 그 벽보를 보고는, "야…… 오늘 쉬는구나.", "여기 진짜 멋져. 만날 쉬더라고!" 하며 웃더라고.

손님들이 그렇게 생각해주는 가게는 강한 힘을 가졌다고 생각해. 생각을 해봐. 신주쿠나 시부야에 체인점 식으로 이런 가게를 낸다고 해서 어린 애들이 "멋진데?" 같은 말을 해줄 리가 없잖아. 그 가게만의 '가치관'이 있고, 그것이 자연스럽게 배어나오기 때문에 '그 주인은 멋지다'고 손님들이 생각해주는 거야.

우리 가게 직원 중에, 고향도 아무것도 아닌데 꼭 하치조지마(도쿄 남쪽에 위치한 섬)에 가게를 내고 싶다는 애가 있어. 오키나와, 그것도 남쪽 끝에 있는 하테루마지마(일본 최남단에 위치한 섬)에서 장사하고 있는 애도 있지. 그런 곳에서 가게를 하는 애들은 본인 스스로가 굉장히 즐겁기 때문에 거기서 장사를 하는 거라고 생각해. 그런 가치관은 손님한테도 전달돼. 그러니 손님 입장에서도 즐거운 가게가 될 수 있는 것 아닐까, 나는 그렇게 생각해.

공부를 못해도
성공하는 가게를
열 수 있다

언젠가는 자신만의 가게를 하고 싶다며 우리 가게에 오는 아이들이 처음부터 다 '괜찮아 보이는 녀석'이었던 건 아니야. 학교에서 문제아거나 공부를 못했다는 아이들도 수없이 많지. 개중에는 좀 많이 껄렁껄렁해 보이는 녀석이 면접을 보러 오는 경우도 있어. 하지만 나는 '오는 사람 안 막는' 주의라서 어떤 애든 일단 받아들여. 이렇게 많은 식당 중에서도 우리 가게를 선택해준 거니까, 그것도 하나의 인연이라고 생각해서야.

자고로 이자카야라는 곳은 주인이 지나치게 성실하면 가게를 성공시키기까지 좀 고생하기도 해. 수많은 가게를 거느린 체인점 같은 데서 점장을 충실히 수행할 수 있는 자질과, 작은 가게를 번성시키는 경영자가 될 자질이 같은 건 아니니까 말이야.

회사 조직 속에서 가게를 꾸려나가려면 물론 꼼꼼해야 해. 안 그러면 스태프들이 제대로 따라 와주질 못하거든. 하지만 자기 가게를 운영할 경우 꼭 빈틈없이 일하는 것만이 중요한 건 아니야. 와준 손님들을 즐겁게 해줄 수 있다면, 가게는 끌어나갈 수 있어. 빈틈이 없는 성격이어서 가게 이미지를 늘 단정해 보이도록 하는 건 좋겠지. 하지만 그건 유니폼을 매일 세탁해서 빳빳하게 풀을 먹인다거나, 머리를 빡빡 단정하게 민다거나 하는 식으로 누구나 할 수 있는 정도만 해도 얼마든지 가능한 일이잖아.

> 체인점이 아니라 '내 가게'를 운영한다면 직원을 뽑을 때 '얼마나 성실한가?' 보다 '손님들을 즐겁게 해줄 수 있는가?'를 보는 게 훨씬 중요해.

'어떻게 해야 손님이 즐거워할까?' 이걸 생각하는 능력을 몸에 익힐 수 있는 아이인지 아닌지, 난 이게 훨씬 중요하다는 거야. 물론, 두 군데 이상의 가게를 운영할 경우에는 확실하게 뒷받침을 해줄 수 있는 인재를 뽑지 않으면 힘들어. 주인이 '설렁설렁 적당히 일하자' 주의의 사람이라면 더더욱 힘들겠지. 하지만 5~6평부터 시작해 20평 정도 규모까지 자신의 가게를 넓혀가는 일은 '설렁설렁' 성향을 가진 사람도 가능해. 20평 정도의 가게라면 잘만 운영하면 꽤 괜찮은 생활을 할 수 있을 거야. 이자카야라면 누구나 그런 목표를 품고 있어. 그것이 이 비즈니스의 장점이 아닐까 해.

한편, 내가 무리라고 생각하는 건 말이지, 동료와 둘이서 가게를 내는 것. 때때로 자금의 여유가 없다며 동업할 생각을 하는데, 역시 가게란 스스로 한 나라 한 성의 주인이 되지 않고서는 제대로 굴러가지 않아. 상대방에게 "만날 화장실 청소는 내가 하잖아!" 같은 사소한 불만도 쌓이기 마련이니까.

그래서 난, 둘이서 10평짜리 가게를 낼 거면 차라리 각자 5평짜리 가게를 하라고 말해. 그리고 거기를 활성화시킨 다음 가게를 넓히거나 2호점을 내면 되는 거야. 자고로 가게 일을 하나부터 열까지 스스로 해보지 않으면, 가게를 경영하기 위한 진짜 실력이 생기지 않아. 빚도 자기 혼자 책임지고 갚아나가야 하는 부담이 있어야 비로소 '가게를 성공시켜야 한다'는 원동력이 생겨나는 거야.

개중에는 가게를 낼 자금을 모으기 위해 시급이 좋은 다른 아르바이트를 하는 사람도 있더라고. 그럴 시간이 있으면 시급이 싸더라도 요식업 현장에서 일하며 실력을 쌓아가는 게 더 좋아. 보디빌더랑, 처음부터 차곡차곡 실력을 쌓은 프로레슬러가 링 위에서 프로레슬링 시합을 한다면 어떻게 될 것 같아? 엇비슷한 근육처럼 보여도 경험의 차이가 커서 승부조차 되지 않을 거야. 가게 경영도 마찬가지야. 성공에 지름길은 없어. 무조건 현장에 나가 '어떻게 팔까?' 머리를 쥐어짜내고 고민하는 것, 그것이 무엇보다 중요한 거야.

개업 자금,
'즐기는 마음'을 부릴 여유는
남기고 투자해라

난 말이야. 독립을 생각하고 있는 젊은 애들한테 항상 이야기하곤 해. 개업 자금을 목표로 5~600만 엔(약 7,000~8,000만 원)을 저축하라고 말이야. 우리 가게는 푸짐한 식사가 두 번 제공되니까 따로 식비가 들지 않아. 그러니 한 달에 10만 엔씩 저축하면 5년이면 600만 엔을 모을 수 있어. 그러면 금융기관의 도움을 조금 받아서 약간의 여유를 갖고 개업을 할 수 있지. 물론, 이만큼 돈을 모으지 못했다고 해서 재미있는 가게를 할 수 없는 건 아냐. 중요한 건 수중에 있는 돈을 어디에 어떻게 쓰느냐니까.

우리 가게에서 독립한 직원 중에 일찍 결혼해서 애도 있는 바람에, 아무리 해도 개업자금을 300만 엔밖에 못 모은 애가 있었어. 그

애가 후보 가게를 보러 갔더니, 그 전에 카페였던 15평짜리 하나와 화장실만 있는 8평짜리 가게 하나가 있었던 거야. 매상을 생각한다면 무슨 일이 있어도 큰 규모를 확보하고 싶어지지. 그 아이는 처음에 15평짜리에 마음이 끌렸대. 하지만 보증금이 200만 엔이 드는 거야. 그러면 수중에 100만 엔밖에 안 남잖아. 100만 엔 갖고는 자금 회전이 빠듯해서 손님을 즐겁게 해줄 다른 시설까지 챙길 여유가 전혀 없어. 대신 8평짜리를 선택한다면 자금적으로 여유가 좀 생기니까, 그 범위 내에서 가장 좋은 아이디어를 내서 손님들을 즐겁게 해줄 생각을 할 수 있지. 그래서 8평짜리를 선택해서, 가게 안에 포장마차를 들이면 재미있지 않겠냐는 얘기가 나왔어. 인테리어 비용도 따로 안 들고 말이야.

주방 기기도 거창한 건 못 들여놓으니까 주먹밥 같은 걸 랩으로 싸서 손님들 눈앞에 놔두면,

"주먹밥 어떠세요, 하나 드려볼까요?"

"네, 한번 줘보세요."

"몇 개나 드릴까요?"

이런 대화도 할 수가 있지. 전자레인지로 데워서 바삭바삭한 김이랑 같이 내어도 괜찮고. 소주는 30가지 정도를 준비해서 400엔 균일가로 하면 고르는 재미도 있고 손님을 얼마든지 즐겁게 해줄 수 있잖아. 메뉴를 더 늘리고 싶은데 장소가 없다면 자신이 살고 있는 아파트

부엌을 이용해. 어엿한 사전 준비용 주방이 될 테니까. 자금이 모자란 다면 주변에 있는 모든 것들을 이용하면 된다는 이야기야.

8평짜리 가게가 좋은 이유는 그 외에도 몇 가지가 더 있었는데, 특히 위치가 너무 좋은 거야. 차들이 왕래하는 도로변인데다 딱 신호 대기하는 차들이 서 있는 데였거든. 정차중일 때 차에 타고 있는 사람들은 우선 주변을 둘러보게 되잖아. 그러다 실내에 포장마차가 있는 가게를 발견하게 된다면, 놀라서 그 가게에 흥미를 가지게 될 거라고 생각했어.

사다리 위에서 까치발로 서 있는 상상을 해봤어? 정말 위험하잖아. 난 15평짜리 가게를 얻는다는 게 그것과 비슷한 식인 것 같아. 너무 벅찬 데가 있단 말이지. 가게에다 '즐기는 마음'을 부릴 여유가 없어질 만큼 무리한 투자를 해선 안 돼. 이것이 우리가 장사에 성공하는 비결이라고 생각해.

> 내 가게에 '즐기는 마음'을 부릴 여유도 없이 무리한 투자를 해선 안 돼. 항상 '여유'를 남겨두라고.

내 가게에서 독립한 애들 중에는 이제 여러 개의 가게를 경영하고 있는 사람들도 많아. 차도 일륜차보다는 이륜차가, 이륜차보다는 삼륜차가 더 안정감이 있듯이, 가게도 1개보다는 2개, 3개 정도를 내면 점점 경영이 안정되기 시작해. 그러기 위해서는 개업 후에도 열심히 자금을 모아야만 해.

내가 이자카야를 시작했을 때, 처음 3년간은 가게를 늘리기 위해 열심히 노력했어. 자금을 모으기 위해서 '밤 12시 이후에 무슨 수를 써서라도 1만 엔은 팔고 들어간다'는 목표를 세웠지. 그 돈은 어떤 경우에라도 저축을 하겠다고 결심했고 말이야. 금액은 크지 않지만 그 돈을 정기적으로 은행에 저축하러 가다 보면 자연스레 은행 신용이 두터워져서 나중에 돈 빌리기도 쉬워져.

그렇게 12시 넘어 가게 문을 열어놓고 있으면 말이야. 새벽 1시쯤, 손님이 몇 천 엔인가를 들고 와서 "저…… 지금 음식 되나요?" 하며 굉장히 미안하다는 표정으로 들어오곤 해. 참 고마운 일이지. 그래서 나는 그 시절 새벽 3시에 음식을 만들면서도 피곤하다는 생각 같은 건 해본 적이 없어. 척척 팔리는 게 마냥 즐거워서 항상 새벽 3~4시까지 가게를 열어놓곤 했지. 우리 가게에서 독립한 애들도 나처럼 밤늦게까지 열심히 노력하는 애들이 많아. 그런 열정이 성공으로 이끄는 거라고 생각해, 난.

불경기가
바로
개업 찬스다!

"가게를 새로 내는 데 좋은 시기, 나쁜 시기가 있나요?"

'이자카야의 신'이라는 별명을 얻게 되면서 이런 질문을 많이 받았어. 하지만 난 "실력 있는 가게라면 어떤 시대에 오픈하더라도 살아남을 수 있다"고 말해주지. 대학 졸업해서 샐러리맨이 되는 사람들을 봐봐. 그들은 취직 시기를 선택할 수 없잖아. 그래도 열심히 하는 녀석들은 쑥쑥 성장해가지. 장사도 그거랑 같은 거야.

우리 가게 아이들도 경기가 좋든 나쁘든 계속 독립해서 나가. 독립해나가는 페이스는 떨어지지 않고 그대로 유지되지. 그렇게 나가서는 제각각 재미있는 가게들을 만들어 번창하고 있어.

불경기는 언제나 오는 거야. 그러니 불경기는 오히려 실력을 키울 찬스가 될 수 있지.

애당초 음식장사라는 직업을 선택한 의미를 곰곰이 생각해보면 말이지, 이 직업을 선택한 사람은 다른 일보다 이걸 하는 게 더 인생을 즐겁게 살 수 있어서가 아닐까 해. 그러니 큰돈을 벌지는 못해도, 즐겁게 살아가기 위한 정도의 돈만 있으면 되는 거잖아. '돈 벌어야지.' 하는 생각이 앞서면 지나치게 유행을 쫓거나 주위에 휩쓸리게 돼. 유행이 얼마나 무서운 건지 모를 거야. 갑자기 확 붐이 일었다가 어느새 빠른 속도로 거품이 스윽 빠지지. 흔적도 없이 사라진 '예전에 유행하던 음식점'을 누구나 한두 가지는 바로 떠올릴 수 있을 거야.

물론 메뉴에는 그때그때 유행을 잘 반영시킬 필요가 있어. 하지만 가게 전체를 걸고 유행을 쫓아선 안 돼. 예전에 일시적으로 붐이 일어 번화가를 석권했던 '칭기즈칸 식당'처럼 말이지. 지금은 흔적도 없잖아? 우리처럼 작은 가게는 유행을 쫓아갈 게 아니라 질릴 일이 없는 '평범한 가게'를 목표로 삼아야 해. 불경기는 오래 장사를 하게 되면 누구든 반드시 경험하게 되는 일이야. 그러니 그런 시기에 가게를 여는 건 스스로 실력을 키울 수 있는 최대의 찬스가 될 수도 있다는 거야.

나 역시 경기가 안 좋을 때는 어떻게 하면 직원들이 자신의 가게를 잘 꾸릴 만한 실력을 기를 수 있을까, 평소 이상으로 이런저런 고민을 하곤 해. 하루는, 우리 가게 점장들한테 '가게를 운영하면서 가

장 중요하다 여겨지는 5가지'가 무엇인지 말하라
고 해서 우선순위를 매긴 다음, 거기에 대한 평
가를 해봤지. 5등급으로 나눠서 말이야. 꼭 해야만 하는 일들과 현재
자신이 서 있는 위치를 정확하게 인식하면, 그것보다 더 잘해나가고
자하는 목표가 생겨나기 때문이야.

유행은 거품처럼 커졌다 사라지는
거야. 그러니 오래도록 질리지 않는
'평범한 가게'를 꾸려야 해.

　그중 하나가 '청소'였는데 음식점을 할 때 청소는 역시 굉장히 중
요해. 손님이 기분 좋게 있을 수 있는 가게를 만드는 데 있어 가장 기
본적인 일이니까. 이자카야 같은 경우엔 실내에 조명이 잔뜩 있어서,
우리가 모르는 사이에 먼지가 수북이 쌓여 있곤 해. 그냥 멍하니 청소
를 하다 보면 좀처럼 구석구석까지 손길이 닿긴 힘들지.

　그럴 때는 어떻게 하면 좋을까? 예를 들어, 펜던트 라이트가 20개
있다고 치자. 그러면 각각의 조명에 청소 담당자를 나눠서 이름을 붙
여두는 거야. '여기부터 여기까지는 코우지!' 뭐 이런 식으로. 그러면
옆 조명보다 자기 것이 더 더러우면 신경이 쓰이게 마련이잖아. 이렇
게 하다 보면 어떤 곳이라도 깨끗하게 청소할 수 있을 거야.

　불경기뿐 아니라 언제라도 가게를 하다 보면, 스스로 비상할 수 있
는 커다란 계기가 있기 마련이야. 나 같은 경우에는 20대 후반에 그
런 일이 있었지.

　그 당시 세타가야(동경 시내 부촌) 가게들 근처에 양식집이 하나 있었

‘접객이란 건
무조건 손님을 즐겁게 해주는 거다.’
난 그때 그걸 깨달았지.

어. 'Canada Dry(진저에일로 유명한 음료수 메이커)'라는 녹색 간판을 달고
생강에 절인 돼지고기 같은 걸 내는 가게였지. 재미있어 보여서 들어
갔더니 주방에서 요리사복을 입은 주인이 춤을 추면서 프라이팬을 흔
들고 있는 거야. 신기하기도 하고 놀랍기도 했어.

　게다가 내가 카운터에 앉으니까 역시나 춤을 추면서 "근처에 살
아?", "몇 살이야?", "이름은 뭐고?" 이런 질문을 막 건네는 거야. 보
통 양식집에서 이름 같은 건 안 물어보잖아. 그러고는,

　"스물일곱? 난 스물 넷. 유우지라고 해."

　이런 식으로 대답도 하고 말이야.

　음식을 다 먹고 돌아가려고 했더니 마지막으로 나를 붙들며 "이건
서비슨데 말이지 우노, 커피 마실래?"라고 하는 거야. 그땐 정말 깜짝
놀랐어. 손님인데다 내가 연상인데, 갑자기 오랜 친구한테 하듯 이름
을 막 부르는 거야(일본은 보통 서로의 성을 부르며, 존칭 없이 그냥 이름만 부르는
건 절친한 사이에서만 함). 순간, 나도 모르게 확 끌려 들어갔지.

　그 시절의 난 커피숍을 하고 있었는데, 단골손님이 오면 "항상 드
시던 걸로?" 하고 미소를 지으며 스포츠 신문을 재빨리 챙겨다주곤
했어. 메뉴를 만들 때에도 푸딩은 접시에 담을 때 실패하는 경우가 많
으니까 커다란 모닝 컵에 넣어서 만들고는 '컵 푸딩'이라 이름을 붙여
그대로 내는 걸로 평판이 괜찮았지. 솔직히 나름대로는 완벽한 영업
이라 생각하고 있었던 거야.

하지만 그 양식집에서 그동안 갖고 있던 내 생각이 확 깨져버렸어.

'접객이란 건 무조건 손님을 즐겁게 해주는 거다.'

이걸 아주 강렬하게 깨달은 거야. 그래서 나도 그 가게에 들른 다음날부터 프라이팬을 흔들며 춤을 췄지.

'나폴리탄, 나폴리탄(케첩으로 만드는 일본식 스파게티를 주제로 한 노래. 우리나라로 치면 '영계백숙'이나 '팥빙수' 같은 노래쯤 되겠다–편집자주)'이런 노래도 흥얼거리면서 말이야.

우리 가게 애들한테도 이 얘기는 두고두고 해주고 있어. 그렇게 얘기를 하는데도 손님이 가게에 들어왔을 때 거울을 보면서 무신경하게 "어서 오세요." 하는 애가 있어. 그렇게 해서는 시간이 아무리 지나도 잘나가는 가게를 꾸릴 수 없어. 난 그렇게 생각해.

점장에게
실무 노하우는
필요 없다

나는 우리 가게에 들어오고 싶다는 애들을 내 쪽에서 거절해본 적이 단 한 번도 없어. 자기가 선택한 '내가 좋아하는 가게'에 들어가서 일을 한다면 실력 있는 인재로 자랄 수 있다고 믿기 때문이지.

한번은 우리 가게에서 일을 해보고 싶다고 한 어떤 애를 면접 본 당일에, 우리 가게 서너 군데에 술 마시러 데리고 다닌 적도 있어. 그렇게 가게를 꼼꼼히 보여준 뒤에 "다음에 여자 친구랑 같이 가게에 한 번 와봐. 여자 친구가 '이런 가게라면 일해도 될 것 같은데?'라고 하면 오도록 해." 하고 말해줬지. 이런 곳에서 이런 직원들과 함께라면 즐겁게 일할 수 있겠다고, 본인 스스로가 진심으로 생각하는 게 가장 중요하니까 말이야.

난 면접을 볼 때 항상 '우리 가게는 독립을 위한 첫 스텝'이라고 확실하게 강조하니까, 독립할 의지가 높은 애들이 많이 모여. 그리고 입사 5년 정도가 되면 대부분 독립을 하지. 여긴 점장이 되면 더 이상 올라갈 자리가 없으니까 독립할 수밖에 없어. 독립을 늦추지 않기 위해서라도 점장이 된 후 2년 정도를 목표로 잡고 홀로 설 준비를 해야 한다고 생각하고들 있어.

독립을 목전에 둔 점장에게 가장 중요한 것은 '자신이 만들고자 하는 가게에 대한 비전이 있느냐' 하는 거야. 그래서 나는 점장을 결정할 때, 경영 노하우가 확실하다거나 요리 기술이 뛰어나다거나 뭐 그런 건 중요하게 보지 않아. 단순히 '점장이 되고 싶습니다!' 하고 손든 애부터 고르곤 하지.

우리가 하려는 건 이자카야지, 거창한 음식점이 아냐. 그러니 기술이 아니라 '비전'을 봐야 한다고.

왜냐하면 우리가 운영할 것은 이자카야잖아. 특별한 요리 기술 같은 건 필요 없다고. 그보다 곁들여내는 무를 "좀 굵게 갈아드릴까요?" 아니면 "부드러운 게 더 좋으세요?" 이런 식으로 손님들과 대화할 수 있는 가게를 '상상'할 수 있는 애가 더 적합하다고 생각해.

개중에는 실무를 전혀 모르면서 손을 드는 애들도 있어. 가령 부족한 식기를 꽤 많이 발주할 때는 이틀 전에 연락을 해도 여간해선 시간을 맞출 수 없는데, 어느 지점을 맡겼던 점장은 그런 것도 모를 정도였으니까.

하지만 실무는 가게를 운영하면서 배워 가면 되는 거야. 그보다 나는 '점장이 되고 싶다'고 손을 든 아이들은 그 자체에 뭔가의 비전이 있는 거라고 생각해. 그런 애들은 바싹 마른 스펀지 같아서 뭐든 가르쳐주면 쏙쏙 흡수하니까 점장을 맡긴 지 겨우 3일 만에 벌써 달라져 있어.

점장이 되면 깨닫게 되는 게 있어. 예를 들어, 본인은 지금껏 화술을 살린 접객이 가능한 타입이라고 생각했어도 실제로 점장의 위치에서 손님을 대해보면, 어떤 손님하고든 즐겁게 대화를 나눌 수 있는 타입이 아니라는 걸 깨닫게 되지. 항상 상냥한 여자애들하고만 신나게 얘기할 수만은 없는 일일 테니 말이야. 그러면 자신은 '어떻게 손님들에게 나를 어필할 수 있을까'를 진지하게 고민하게 돼. 그런 식으로 독립할 때까지 성장해가면 된다고 생각해.

그리고 자기 가게를 내기 전에 다른 가게에서 점장을 해본 사람과 안 해본 사람은 완전히 달라. 확실히 점장 경험을 해본 사람들이 자기 가게도 성공적으로 해낼 가능성이 높지. 특히 새로 생긴 가게에서 점장을 해보면 정말 도움이 많이 돼. 기회가 있다면 꼭 해보는 게 좋아.

이미 궤도에 오른 가게의 점장일 경우에는, 가게가 붐빌 때 흐름을 어떻게 할지, 아니면 스태프 로테이션을 어떻게 하면 좋을지를 고민하게 되지. 새로 생긴 가게처럼 '손님이 왜 이리 없을까.' 같은 고민하고는 완전히 다르니까 몸에 배는 노하우도 달라져.

우리 회사에서 지금 매출 1위인 가게도 100석 이상 규모인데, 오픈 당시에는 3개월 매상이 하루 평균 10만 엔에도 못 미쳤어. 새 가게는 보통 3개월 만에 손님들이 오기 시작해서 6개월 정도면 궤도에 오르고 1년이면 안정이 되지. 이 기간을 잘 버텨내면 실력이 확 늘어. 어떤 식으로 손님이 들기 시작하는지 감각적으로 알게 되지. 이 감각은 자신의 가게를 가지게 될 때 반드시 필요한, 정말 중요한 능력이야.

가게를 할 때
꼭 필요한
'이미지화하는 능력'

우리 가게에서는 언젠가 독립을 하겠다고 생각하는 애들이 점장이 되곤 하는데 말이야. 실무는 미숙해도 상관없지만 '독립하면 이런 가게를 꾸릴 거야.' 하고 명확한 이미지를 그려낼 수 있는 힘이 없으면 점장을 시킬 수 없어. 점장이나 경영자에게 절대 빼놓을 수 없는 것이 바로 '이미지화하는 능력'이거든.

가게의 이미지를 떠올린다고 해서 단순히 메뉴나 가게 구조, 손님 계층 같은 것만으로는 충분치 않아. 예를 들어, 손님하고 왁자지껄 떠들면서 흥을 돋우다가 영업 후에 같이 한잔하러 가서 노래를 부르는 자신의 모습을 떠올릴 수 있는지, 이렇게 저렇게 손님들과 부대끼며 어울리는 자신의 모습이 그려지는지……. 그 정도로 자세하게 자신의 가게를 가졌을 때의 자기 모습을 구체적으로 상상할 수 있을 정도가 아니면 안 돼.

대부분의 직원들이 그런 식으로 이미지화하는 힘이 약해. 가령, 음식점을 하고 있는데 가게를 오픈하기도 전에 비가 온다면 '비가 와서 오늘 손님이 적으면 어쩌지, 안 되는데…….' 보통 이렇게 생각을 하거든. 하지만 그럴 때 '오늘도 손님이 꽉꽉 차겠군. 비가 오니까 오늘은 어떤 특별한 서비스를 해볼까…….' 하고 생각하는 사람은 절대적으로 강하지. 왜냐고? 그런 사람은 비가 억수같이 쏟아진다면 '백엔숍에 가서 귀여운 타월을 사와 손님들이 몸을 닦을 수 있게 하자.' 하는 서비스를 이미지화할 수 있기 때문이야.

손님이 많이 올까, 줄어들까를 걱정하는 사람과 새로운 서비스를 생각해내는 사람. 어느 가게가 더 잘 될지는 말할 필요도 없겠지. 긍정적이고 이미지화시키는 능력이 강한 사람은 손님이 비에 젖은 채 가게에 들어오는 모습, 그리고 타월을 건넨 뒤에 손님이 "정말 고마워요."라고 말하며 함께 미소 짓는 모습까지 상상할 수 있어. 그러면 그것을 실현시킬 수 있고, 실현시킨 그 경험이 자극도 되니까 손님들이 기뻐할 만한 더 많은 것들을 생각해낼 수 있게 되지.

그걸 할 수 있는 사람이 바로 점장이나 경영자가 될 수 있는 사람이야.

나는 어머니를 대단히 존경해. 항상 여러 가지 일에 흥미가 있고 여든을 넘긴 나이에 구약성경을 읽기 시작해서 3페이지 정도를 암기할 만큼의 파워가 있으신 분이지. 그런 어머니께서 예전에 이렇게 말씀하셨어.

"생각하는 것과 안 하는 것은 200% 다른 거란다."

다이아몬드라도 원한다고 생각하는 것과 안 하는 것은 완전히 다르다는 거야. 생각하지 않은 것은 절대 자신의 손에 들어오지 않지. 우메보시(매실 장아찌) 같은 건 상상하는 것만으로도 입안이 시큼해지지 않아?

'생각하기', '상상하기', '이미지화하기'는 그것만으로도 엄청난 에너지가 돼. 난 무척 소중한 것을 어머니로부터 배웠다고 생각해.

> 원하는 걸 생각하고 이미지화하는 것과 그렇지 않은 것은 엄청난 차이가 있어. 상상해보지 않은 다이아몬드는 절대 내 것이 될 수 없다고.

자신이 독립했을 때의 모습을 제대로 이미지화할 수 있는 점장은, 후배나 아르바이트생이 '이미지화하는 능력'을 가질 수 있도록 도와줄 수도 있어. 예를 들어, "나도 처음에는 손님이랑 제대로 얘기를 못 했어." 이렇게 말하면서 자기가 고생한 과정을 직원들에게 잘 얘기해줄 수 있지. 그러면 직원들도 그 경험들을 토대로 자신의 목표를 세우고 미래를 이미지화할 수 있게 되는 거야.

'점장이 되면 여자한테 인기가 많아져.' 점장의 이런 상상들이 실

가게 주인이 되었을 때의 내 모습을
구체적으로 '이미지화' 할 수 있어야
성공할 수 있어.

현되는 모습들을 보게 된다면 직원들도 '나도 점장이 돼서 인기남이 될 거야.'라는 생각을 하게 되고, 그런 이미지를 그려나갈 거야. 그런 다양한 상상들이 원동력이 돼서 사람을 성장시켜간다고 생각해.

5년 동안 우리 가게에서 일한다고 2천만 엔이고, 3천만 엔이고 줄수 있는 건 아니야. 중요한 건, 자신이 독립해 몇 년간 노력해서 샐러리맨들의 2~3년어치 수입을 벌게 되고, 좋은 차를 타고 좋은 집에 살면서 한 주에 한 번씩 골프 치러 갈 수 있게 되는 것. 그것을 이미지화해서 실현하고 싶다는 생각을 가지는 거라고.

나는 도쿄 쿄도(経堂)에서 이자카야를 시작하고 처음 3년간은 가게를 넓히기 위해 한결같이 열심히 일했고, 차를 살 수 있게 됐을 때는 벤츠를 샀어. 몇 년 동안 열심히 일해서 싸구려 차밖에 못 탄다면 너무 서글프잖아. 가게에서 일하는 젊은 애들도 그런 장사를 하고 싶진 않을 거 아냐.

20년쯤 전에는 도쿄 세타가야에서 야츠가타케(나가노현 지명)로 이사를 갔어. 부지는 600평. 그 토지를 선택한 건 내 아이를 자유롭고 느긋한 환경에서 키우고 싶어서이기도 했고, 또 그 외에도 여러 가지 이유가 있었지만 가게 아이들에게 '이런 생활도 할 수 있다' 는 걸 보여주고 싶었던 이유도 커. 지금 우리집은 캐나다 밴쿠버에 있는데, 이것도 모두 '이미지' 중 하나가 되면 좋겠다고 생각해. 소주 한 병을

500엔에 팔고 있는 아저씨도 그런 생활을 할 수 있다는 것.

'인생에는 이런 선택지가 있어. 나도 해냈으니까 독립하면 너도 이렇게 될 수 있어.'라고 다른 직원들에게 구체적으로 보여주는 건 아주 중요해.

따라서 점장에게는 스스로 자신의 미래를 이미지화할 수 있는 힘과 그것을 밑에서 열심히 노력하는 아이들에게 전해줄 수 있는 힘, 이두 가지 모두 정말 필요하고 중요하다고 볼 수 있지.

물론, 점장은 모두의 본보기가 돼야 하니까 상상만 할 게 아니라 직접 솔선수범을 해야 해. 점장이 된 후에도 청소, 장보기부터 접객까지…… 전부 다 적극적으로 해나가지 않으면 안 돼. 특히 화장실 청소. 이걸 점장이 하면 다른 종업원이나 아르바이트생들이 반드시 말을 잘 듣게 돼 있어. 화를 낼 일이 있거나 하고 싶은 말이 있을 때는 그 전에 꼭 화장실을 청소해봐. 그러면 모두들 자신을 잘 따라올 테니까. 이런 착실한 경험이 자신의 가게를 가지게 됐을 때 살아나게 돼 있어.

약점이 있어야
비로소
실력이 는다

우리 가게에서 훌륭히 점장을 해냈던 애라도 독립해서 혼자 가게를 꾸려 가는 모습을 지켜볼 때면 '아, 이런 것도 안 되어 있었구나.' 싶은 모습이 눈에 띌 때가 있어.

일전에 독립한 아이의 가게에 가봤을 때 일이야. 그 가게 메뉴에는 삶은 족발이 있었어. 어떤 손님이 그걸 주문했는데 먹기가 힘들었던 모양인지 "가위 좀 줄래요?"라고 하더라고. 그러자 그 아이는 그냥 "네, 여기 있습니다." 하며 가위를 건넸어. 그게 손님에게 친절을 베푼 걸까? 나는 그런 접객은 말도 안 된다고 생각했어.

이럴 때는 "아, 먹기가 많이 불편하신가요? 여기서 잘라 드릴게요."라고 말하고 잘라서 내줘야 해. 가위를 빌려주기만 한다면 '이 가 자신에게 어떤 면이 부족한지, 자신이 무엇을 잘못하고 있는지 빨리 깨닫고 그것을 극복하기 위해 노력하는 것, 그게 성공의 첫 단추라고.

게 족발은 먹기가 너무 불편했어.'로 끝나버리지만, 잘라서 내주면 '여긴 참 친절한 가게구나.'라고 손님한테 어필할 찬스가 되잖아.

게다가 그 손님은 혼자 왔었는데, 족발은 큰 덩어리가 두 개나 되는 꽤 양이 많은 메뉴였어. 혼자서 다 먹기엔 너무 많지 않을까 싶은 정도였지. 그럴 때는 주문을 받을 때 미리 메뉴에 없더라도 "혼자 드시기에 너무 많을 것 같은데, 반만 내어드릴까요?"라고 하든지 아니면 다른 메뉴를 권하는 편이 훨씬 더 친절한 일이야.

가게를 성공시키기 위해서는 '어떻게 하면 손님이 좀 더 즐겁게 이곳에서 시간을 보낼 수 있을까'를 항상 생각해서 아무리 작은 기회라도 놓치지 말고 상대에게 어필하는 것. 그런 욕심이 필요한 거야.

덧붙여 그 아이의 위신을 세워주기 위해 말해두자면, 그 후에 내가 다시 가봤을 때 그 가게는 대변신을 이뤄내고 있었어. 내 조언을 토대로 엄청난 노력을 한 거지. 단골손님도 잔뜩 생겨나 있었어.

종종 음식 값이 싼 작은 식당 같은 데 가보면 테이블에 놓여 있는 간장이나 소스 병이 더러운 경우가 있어. 심할 때는 안에 있는 조미료가 다 떨어진 경우도 있지. 그런 식으로 장사를 해선 안 돼. 가격이 아무리 싸더라도 손님한테서 돈을 받아 장사를 하는 거잖아. 조미료 병이 깨끗하고 내용물이 항상 꽉 차 있는 건 손님을 기분 좋게 만들기

우린 손님한테 돈을 받아 장사하잖아.
그러니 손님을 가장 먼저 생각해야지.

위한 상식이야.

우리 가게는 싼 메뉴를 팔고 있으니까 서비스는 대충 해도 된다는 제멋대로의 발상.

그런 장사는 좀 이상하지 않아? 중요한 건 매일 머리를 풀 가동시켜서 상상력을 발휘하며 일하는 거야. '오늘은 어떤 걸로 손님을 즐겁게 해줄까?' 이것이 가능한지 아닌지가 오랫동안 장사를 해나가는 동안 큰 차이를 만들게 될 거야.

왜 독립하기 전에 점장으로 일할 때는 척척 잘하던 것들도 독립해서 혼자가 되면 사정이 달라지는 걸까? 점장일 때는 가게에 여러 스태프들이 있어서 알게 모르게 자신의 부족한 부분을 채워주고 있었기 때문이야.

일단 독립을 하면 스스로를 되돌아보며 자신의 약점을 파악하기가 쉽지 않아. 실패를 밑거름으로 삼을 여유도 없지. 하지만 주변에서 도움을 받고 있을 때는 의식만 제대로 한다면 '나한테는 이런 점이 부족하구나.' 하는 걸 자각할 기회도 많아. 그러니 독립하기 전까지 최대한 빨리 자신의 약점을 알아채고 장사에 필요한 힘을 길러야만 해.

그렇다고 약점이 있다는 것 자체가 장사에 특별한 핸디캡이 되는 건 아니야. 내 경우에는 어렸을 때 남보다 체구가 작은 것이 약점이었어. 그래서 어떻게 하면 이 왜소함을 극복하고 돋보일 수 있을까를 항상 고민했지. 운동회를 앞두었을 때는 이런 생각도 했어.

'갑자기 스피드와 실력을 기를 수는 없지만 지구력이라면 어떻게 되지 않을까? 지구력을 요하는 마라톤은 운동회 마지막 경기니까 열기가 불타오를 거라고. 자, 그러면 운동회 때까지 어떻게 지구력을 기를까?'

대학에 들어가서는 가라테(일본 무술)를 했었어. 체구가 작아도 이걸 하면 강해질 수 있지 않을까 해서 말이지. 하지만 막상 체육회 훈련에 들어가 보니 이건 도저히 무리였어. 그래서 스스로 동호회를 만들었지. 제대로 된 연습 장소를 못 구하니까 오늘은 어디서 어떤 연습을 할까, 항상 머리를 굴려댔어.

만약 내가 키가 크고 운동을 잘하는 사람이었다면 운동회에서는 뭘 해도 눈에 띄었을 거야. 그러니 '어떻게 하면 주목을 받을 수 있을까?' 같은 생각을 하며 노력하는 일은 없었겠지. 가라테도 그냥 체육회에 들어가서 아무 생각 없이 연습했을 거야.

자신의 약점을 직시하고 그 핸디캡을 극복하기 위해서 항상 노력하는 것. 이런저런 판단착오를 거치고 실패와 성공을 거듭하며 발전해나가는 것. 그것이 지금 장사하고도 연결되고 있어. 그러니 약점은 오히려 기회가 되고, 약점이 있어야 실력이 는다는 건 당연한 것 아니겠어?

시대를 불문하고
진정으로
강한 가게란!

시대를 불문하고 살아남는 강한 가게는, 실질적인 의미에서 손님들에게 이득을 주는 가게야.

얼마 전에 세토나이카이(瀬戸内海, 일본 혼슈와 규슈, 시코쿠에 에워싸인 바다)에 인접한 지방도시에 갔었는데, 그곳에도 어김없이 망한 가게들이 줄지어 있더군.

지인이 추천해서 상가에 있는 초밥 집에 갔었어. 가게에 들어서자 청결하다 못해 눈부시게 광을 낸 나무 카운터가 제일 먼저 보이고, 붓으로 손수 쓴 메뉴가 눈에 띄었어. 자리에 앉으니까 주인이 "잡어회(그날그날 들어온 값싼 생선)를 조금씩 내드릴까요?" 하며 회를 내어줬어. 쥐치 같은 고급 생선이 1천 엔도 안 하고 초밥은 하나에 150엔~200

엔 정도. 정말로 싸지. 술도 종류에 따라서 은 재질의 손잡이가 있는 독특한 용기나 예쁜 유리병에 내어주는데 센스가 있었어.

대단하다고 느낀 건 손님들이 하나같이 주인에게 "고맙습니다."라고 인사를 하며 나가는 거였어. 당연히 가게는 손님들에게 원가보다 비싸게 물건을 팔아 돈을 벌잖아. 그런데도 손님들이 고마워한다면 그 가게는 진짜야.

가게에 온 손님들 역시 '이득을 보고 싶다'고 생각하지 않겠어? 그러니 이렇게 질 좋은 음식을 싼 가격으로 팔면서 노력한다는 느낌을 주거나, 내부가 청결해서 기분을 좋게 만든다거나, 손님을 여러 면에서 배려하는 인상을 주는 가게는 시대를 불문하고 손님을 끌어들이는 힘이 있어.

폐점한 가게가 많은 상가라도 반드시 잘 되는 가게는 있지. 그 어떤 쇠락한 거리라 하더라도 얼마든지 가게를 빛나게 할 수 있다는 말씀. 만약 입지 조건이 좋은데도 가게가 잘 안 된다면 그건 노력이 부족해서라고 생각해. 손님 많기로 유명한 시내의 인기 초밥 집에서는 새 요리사가 올 때마다 "지금까지의 원가 공식은 버려 달라"고 교육한다더군. 원가가 머릿속에 들어 있으면 '어떻게 하면 손님에게 이득을 줄까, 즐거움을 줄까' 하는 생각을 할 수가 없기 때문이지.

원가율이 높아지면 손님 회전율이 좋아질 때까지 가게는 힘들어.

좋은 재료와 합리적인 가격으로 손님들에게 이득을 주는 가게, 작은 부분 부분 손님들을 배려하는 마음이 묻어나는 가게, 그런 가게는 반드시 손님을 끌어들이게 되어 있어.

하지만 계속 노력하는 동안 손님 수가 늘어서 원가율 손실을 메워주게 돼. 가게 입장에서도 어떤 상품에서 이득을 내고 어떤 상품으로 손님에게 이득을 줄지 원가 밸런스의 포인트가 보이게 되지. 돈 버는 데만 집착하지 않는 것. 그게 장사의 기본이야.

그리고 나는 싼 것만 내세우는 가게는 좀 미심쩍어. '싼 것이 손님들에게 본질적인 이득을 주는가?' 누가 내게 이렇게 묻는다면 나는 "글쎄……."라고 대답할 거야. 물론 그런 식으로 가게를 운영하며 노력을 하는 곳도 있겠지. 하지만 '싼값'만 전면에 내세우는 가게들은 대부분 재료의 질을 떨어뜨려서 원가율을 낮추는 거라고. 손님들이 정말 이득을 보는 게 아니라는 말이야. 그러니 긴 안목으로 본다면, 이런 상품에 손님들이 언제까지고 따라 와줄 리가 없어.

그러니 무조건 싼 메뉴를 팔 생각만 해선 안 돼. 손님이라고 싼 데만 눈이 가는 게 아니니까. 예를 들어, 얼마 전 맥도날드의 고급 햄버거가 화제가 된 적이 있었잖아. 보통은 100엔 정도의 햄버거가 인기인데, 500엔에 가까운 햄버거가 인기를 끌어 불티나게 팔렸지. 주머니 사정이 별로 좋지 않은 시기라도 손님들은 합리적인 범위 내에서 윤택한 기분을 맛보고 싶어 해.

보통 돈을 별로 안 들이고 먹는 음식(햄버거처럼)을 비싸게 팔아도, 그 방식에 따라 잘 되는 경우가 있다는 얘기야. 나는 그 밑바탕에 '즐거움'이 깔려 있다면 손님들은 반드시 모이게 되어 있다고 생각해. 생각해보라고.

"나 오늘 500엔짜리 돈가스 덮밥 먹었어."라고 하면 아무도 흥미를 가지지 않지만, "나 오늘 500엔짜리 햄버거 먹었다!" 하면 주변에서 "야, 진짜??" 하고 반응하니까 친구들에게 자랑을 하는 기쁨을 맛볼 수가 있잖아.

이렇게 '즐긴다'라는 개념은 가게를 운영하는 사람 입장에서 꼭 필요한 거야. 불경기 때는 자신의 아들이 가게를 물려받지 않겠다고 해서 한탄하는 식당 경영자들을 자주 만나곤 해. 그건 말이지, 가게를 운영해온 아버지가 장사를 진심으로 즐기지 않은 탓이라고 생각해. 장사가 잘 안 되더라도 '음식 장사, 정말 재미있다!'라는 모습을 보여주었다면 "안 물려받을래요!" 같은 말은 절대 안 나오겠지.

우리 가게에 생선을 대주는 한 가게는 "우리 아들 좀 맡아서 가르쳐주세요."라는 부탁을 받을 정도로 주변으로부터 신뢰를 받는 곳인데, 거기 부부는 365일 매일이라 해도 될 만큼 외식만 해. 게다가 거의 자기 고객들 가게만 가지. 그 가게에 가서 자신들이 납품한 생선을 보고 "이건 이렇게 조리하면 맛있어요." 같은 얘기들을 해줘. 그렇게까지 열심히 생선을 파는 곳을 나는 본 적이 없어.

그런 식으로 하니 몇십 년에 걸쳐 월 매상을 150만 엔에서 수천 만

엔까지 끌어올렸을 수밖에. 거기다 좋은 생선을 싸게 먹을 수 있는 선술집도 직접 열어서 성공을 시켰어. 그런 모습을 본 아들이 "안 물려받을래요!" 할 리가 없잖아?

후계자가 가게를 물려받고 싶다는 생각이 들게 하려면, 이 일이 다른 일보다 훨씬 매력적이라는 걸 보여줘야 해. 그만큼 장사를 즐기지 않으면 2대, 3대로 이어지는 가게는 불가능하다는 얘기겠지.

'즐긴다'는 것. 장사를 하는 사람도 자신의 일을 즐기고, 그 가게에 온 손님도 식사하는 그 시간을 즐기게 되는 것. 이것만큼 중요한 건 없을 거야.

'제대로 된' 가게를 보고 다녀라

가게를 시작할 때 다른 음식점을 보러 다니며 공부를 하는 건 꽹장히 중요해. 일단 독립을 한 후에는 당분간 보러 다닐 시간이 없을 테니까 말이야. 오픈 전에 다리품을 팔아 다른 가게를 얼마나 보고 다녔는지가 가게의 성공하고도 연결이 돼. 스스로 손님이 되어본 적이 없으면 가게를 하는 것도 무리야. 손님 입장에서 어떤 게 좋고 즐거운지가 보이지 않으니까 말이야.

그중에서도 꼭 보러 다녀야 하는 게 바로 '제대로 된 가게'지.

나는 칸사이 근방에 가면 항상 들르는 곳이 몇 군데 있어. 그중 하나는 오사카 쿄바시에 있 정말 제대로 된 가게에 가서 그곳의 노하우를 찾아봐. 그런 건 대기업에서도 제대로 흉내 낼 수 없는 거거든.

는 포장마차인데, 묘지 뒤에 있어서 장소가 좋은 것도 아니야. 그런데도 하루에 70~80만 엔을 팔아. 포장마차인데도 불구하고 해산물이 주 특기라 성게나 연어알 상자가 산더미처럼 쌓여 있고, 참치 볼살을 공업용 버너로 화르륵 익혀주곤 하지. 성게랑 연어알, 다진 참치에 파를 섞어서 오이 김초밥 위에다 질릴 만큼 듬뿍 얹어서 내주지.

영업은 주 3~4일 정도만 하고 나머지 날은 가게뿐 아니라 가게 주변까지 구석구석 청소를 해. 주변의 잡초도 열심히 뽑아. 날 생선을 다루니까 그 정도로 철저하게 하는 거야.

여기 주인은 말이야. 더 괜찮은 곳에서 가게를 내라는 제의도 많이 들어왔대. 하지만 그때마다 여기서 할 거라며 떠나지 않아. 애당초 포장마차를 할 돈밖에 없다며 이 가게를 시작했던 아저씨야. 그러니 그 마음을 지켜가는 거지. 제대로 된 가게를 꾸려가고 있다고 생각해. 기운이 없는 손님한테 상냥하게 말을 걸어 힘을 북돋아준다든지, 접객에서도 배울 게 잔뜩 있지.

한 군데 더. 오사카에서 자주 가는 텐마(天満)에 있는 초밥집. 저렴한 곳이지만 재료를 미리 다 잘라서 준비해놓지 않고 손님 눈앞에서 생선을 다듬어줘. 낮에 생선이 들어오면 카운터 앞에서 가게 직원이 그걸 척척 내려놔. 그것만으로도 재료의 신선함을 어필할 수가 있는 거지.

교토 산죠에 있는 이자카야에도 꼭 들러. 인테리어가 좋은 건 아닌데 요정에서나 낼 법한 해산물 요리를 아주 값싸게 내주거든. 여기는 뭣보다 아줌마가 참 좋아. 새우 머리를 쓱쓱 까서는 "이거 먹어요." 하며 손을 쑥 내밀어. 무척 따뜻한 접객이지.

가게를 보러 갈 땐 어떤 가게든 '배울 점이 있다'고 생각하고, 그래도 없다면 '나라면 이 가게를 어떻게 운영해볼까?'를 생각해.

이런 가게는 대형 음식점에서 어설프게 흉내 낼 수도 없지. 그러니 '제대로 된' 곳에 가야 비로소 배울 게 있는 거야. 그리고 무엇보다 가게를 보러 갈 때 중요한 것은, 자신이 가려고 하는 가게라면 어떤 곳이든 '배울 구석'이 있다는 사실을 명심해야 한다는 거야. 간혹 손님이 많은 가게를 보러 갔을 때 "뭐, 별 거 없네요."라고 말하는 녀석이 있어. 그래서는 다른 가게를 보러 가는 의미가 전혀 없어.

잘 되는 가게에는 반드시 이유가 있어. 그걸 찾아낼 수 없다면 잘되는 가게의 경영자도 될 수 없지. 보통 다른 가게를 살펴보러 갈 때에는 소문 같은 걸 듣고선 '뭔가 얻을 게 있지 않을까?' 하고 냄새를 맡으러 가는 거잖아. 그걸 위해 몇 천 엔이나 되는 돈과 시간을 투자하는 거니까 아무것도 배우지 않고 돌아온다는 건 말이 안 되지.

정말 배울 게 없다고 생각이 든다면 이런 식으로 전환을 해봐. 요리든 인테리어든 접객이든 가게에 막상 가보니 내가 생각했던 이미지랑 너무 다른 거야. 그럴 땐 '나라면 이 가게를 어떻게 운영해볼까?'

잘 되는 가게에는 반드시 이유가 있어.
그걸 찾아낼 수 없다면
잘 되는 가게의 경영자도 될 수 없지.

를 생각해보는 거야.

가령, 요리는 괜찮은데 손님이 의외로 적어. 가게 안을 둘러보니 벽이 지저분해서 분위기를 망쳐놓고 있네? 그럴 때 '아, 참 아깝네. 나라면 페인트칠을 다시 해서 몰라볼 정도로 만들 수 있을 텐데.' 같은 생각을 하는 거야. 특히 우리 가게 애들한테는 자기 주변에 독립을 한 선배들한테 가보라고 하지. 그들로부터 얻는 정보들이 아주 도움이 되거든.

우리 직원들의 경우엔 자신이 알뜰살뜰 모은 돈으로 음식점을 여는 거라 그리 여유가 없으니까 벽 같은 건 직접 다 칠해. 업자한테 부탁하면 터무니없이 비싼 벽 작업도 직접 하면 적은 돈으로 가게를 눈부시게 만들 수 있거든. 그 외에 저렴하면서도 다양한 자재들을 이용해 자기 손으로 직접 인테리어를 하는 방법도 배울 수 있어. 선배들은 그런 정보를 잔뜩 가지고 있지.

특히 알짜배기 정보를 얻고 싶다면, 선배들이 가게 공사를 하고 있을 때 직접 찾아가는 거야. 거기서 벽 칠 하나라도 거들면 자기 가게를 가졌을 때 참고가 되니까. 예를 들어, 긴 벽지를 직접 바르면 공기가 들어가서 깨끗하게 붙일 수가 없잖아. 그럴 땐 벽지를 작게 잘라서 붙이면 빨리 끝낼 수도 있고 자연스레 괜찮은 느낌의 무늬가 된다고. 그런 식으로 하다 보면 세세한 노하우들이 몸에 배어서 비용 절감 방법도 터득하게 돼. 이미 완성된 점포에서 발견할 수 없는 소소한 것들까지 다 알 수 있다는 말이지. 이런 경험은 정말 소중한 보물과도 같아.

평소 앞에서 얘기한 이런 정보들을 잘 입력해둔다면 다른 가게를 시찰하러 갔을 때 많은 도움이 될 거야. 자신의 아이디어를 쌓아올리는 데도 도움이 될 거고. 난 자신의 가게를 가지려는 아이들에게 가능한 한 선배들의 가게를 많이 보고 오라고, 또 그들의 이야기에 귀를 기울이라고 말해주고 있어.

선배들의 정보와 음식점을 시찰하면서 보고 들은 것, 거기서 자기 나름대로 생각한 것들은 전부 자기 가게를 열기 위한 '아이디어 파일'로 머릿속에 축적돼. 이 파일은 모두 내 재산이 되는 거니까 시간이 조금이라도 날 때는 가급적 거리를 다니면서 음식점뿐만 아니라 다양한 사물에 눈을 돌리도록 해.

아이디어는
바로 실행할 수 없으면
의미가 없다

시내를 지나다 보게 된 건데 말이지. 주택 뜰 가장자리에 울퉁불퉁한 주전자를 화분 대신으로 삼아서 꽃을 심어 걸어둔 게 눈에 들어왔어. 굉장히 기뻤지. 이런 걸 가게에 두면 큰 임팩트가 있겠다고 생각했거든. 우리처럼 작은 가게에선, 고급 요리 집에 있는 비싼 화병보다 주전자 쪽이 수십 배는 더 매력적일 테니까.

중요한 건 '이거다!' 싶은 아이디어와 맞닥뜨렸을 때 곧바로 실행하는 것. 머릿속 파일에 집어넣어두는 것만으로 만족하면 보물을 가지고도 썩히는 게 돼. 나 같은 경우엔 생각이 떠올랐을 땐 다음날에라도 바로 시험을 해봐.

옛날에 가족끼리 간 지방의 장어 집에서 엄청나게 굵은 대나무로 만든 술병이 나온 적이 있었어. '이거 괜찮은데!'라고 감동해서 다음 날 바로 도쿄 시내의 대나무 집을 돌고 돌아 내가 상상한 굵기와 길이의 대나무를 손에 넣었어. 그리고 일주일 뒤에는 '죽통주'라고 이름을 붙여 낼 수 있었지.

좋을 것 같아서 실제로 했는데, 막상 해보니 별로인 경우도 얼마든지 있어. 나 역시 성공과 실패의 경우를 세어보면 실패인 쪽이 아마 더 많을 거야. 하지만 수많은 아이디어를 실험하다 보면, 그중에 '대성공'인 것도 나오기 마련이야. 그래서 독립하기 전에 일하고 있는 가게는 '절호의 실험실'이 돼. 조리사 학교와는 달리 손님이 라이브로 자신의 아이디어에 대한 평가를 해주니까 말이야.

예를 들어, 손님을 맞이하는 말 하나만 해도 "어서 오세요."처럼 차분한 게 좋을지 "어서 오십쇼!" 하고 힘차게 말하는 편이 좋을지 상대방의 반응을 보며 매일매일 시험해볼 수가 있지. 메뉴도 마찬가지로, 재료비를 들이지 않고 공짜로 만들어볼 수가 있잖아. 그중에서 칭찬받은 것을 노하우로 잘 익혀뒀다가 나중에 독립했을 때 써먹으면 되는 거야.

독립을 하기 전에, 자신이 일하던 가게에서 여러 가지 실험을 해봐. 그때만큼 좋은 찬스는 없다고.

나는 아이디어를 모으기 위해 지인들의 정보, 입 소문과 더불어 주간지와 만화 잡지의 맛집 정보를 보고 자주 시찰하러 가곤 해. 잡지 정보 중에서 '이거다' 싶은 건 페이지를 찢어서 스크랩을 해두기도 하지. 막상 따라 해보면 별로일 때도 있지만, 그게 적중할 때는 언제까지고 떠들 수 있을 정도의 임팩트가 있어.

마음에 드는 가게가 있으면 그 가게에서 감동받은 것들을 머릿속에 '파일화'해두는 것, 이게 중요해!

내가 선택하는 가게들의 공통점은 모두 '나한테 걸맞은 가게'라는 점이야. 예를 들어, 나는 교토에 가더라도 가이세키 요리(일본식 고급 코스 요리)집에는 가지 않아. 덜렁거리는 아줌마가 운영하면서 가게 내부도 별로인데 손님이 엄청나게 붐비는 그런 가게에 가지. 300엔이면 튀김이 산더미처럼 나오고 술도 싸고. 대하랑 자라도 있어서 몇 천 엔이면 먹을 수 있는 그런 가게. 그런 곳에 갈 때면 엄청난 에너지에 감동하지. 그래서 '왜 감동했는지'를 다시 정리해서 '이걸 내 가게에다 어떻게 적용해볼까?' 하고 머릿속에 '파일화'해두면 다음날 바로 장사로 연결되는 거야.

지방이라도 좋은 가게가 있다는 소문을 들으면 우선 가게 아이들의 의향을 모아. 다들 흥미가 있다고 하면 싸구려 패키지를 이용해서 다녀오지. 1박2일 여행이라도 밤낮으로 부지런히 움직이면 꽤 많은 가게에 가볼 수 있잖아. 가게 애들을 데리고 가는 이유는, 그들이 독립할 때 양분으로 삼았으면 하는 마음이 있어서고, 우리 가게의 원동력이기도 하기 때문이야. 가게 규모가 커지면서 자기 밑에서 일하는 사람이 늘어나기 시작하면 그 사람들에게 아이디어 파일을 갖게 하는 것도 경영자로서 중요한 일이라고 생각해.

다함께 지방에 시찰을 가면 마지막에는 보통 우리 프렌차이즈 가게로 가서 한잔 마시게 되는데 말이야. 그건 그것대로 가게 아이들에게 큰 공부가 돼. 가령 그 가게에 접객을 잘하는 직원이 있다면 "어떤 식으로 가르쳤어요?"라고 그쪽 점장한테 물어볼 수도 있잖아. 메뉴만 해도, 우리 프렌차이즈 같은 경우는 각 지점마다 내는 게 다르거든. 그러니 다른 가게에서는 어떤 식으로 하고 있으며 손님들 반응은 어떤지, 그런 것들을 볼 수 있지. 별 거 아니지만 이런 작은 노력들이 쌓여서 엄청난 힘이 되는 거야.

하나 덧붙인다면 '시찰'하러 갔다고 해서 덮어놓고 안에서 사진을 찍는 사람들이 있어. 하지만 그건 좀 아니지 싶어. 사진을 찍어두면 언제든 다시 볼 수 있다고 생각하지만, 실제로 아무것도 하지 않은 채 내버려두는 경우가 많거든. 참고가 되는 포인트 정도는 꼭 외워두란 뜻이야.

돈이 필요 없는
아이디어
수집법

같은 상권에 있는 같은 업종, 라이벌 가게는 반드시 살펴보러 간다는 사람이 있는데, 나는 라이벌 가게라 해서 무조건 보러 가지는 않아. 주변 가게와 비교를 한다고 해서 뾰족한 수가 나오는 건 아니거든. 그래서 단순히 재미있겠다고 느낀 가게, 흥미가 있는 가게로 발길을 옮기지. '인기를 끌고 있다'는 평판은 당연히 기준이 되는 거니까. 인기가 있다는 건 내가 굉장히 인정하는 척도 중 하나야.

맛있다는 평판이 자자한 가게에도 가보곤 해. 그렇다고 해서 내 가게에서도 맛을 내세운 장사를 하겠다는 건 아니야. 그래서 도쿄 이케부쿠로나 신주쿠 같은 대형 번화가에 가게를 내고 싶어 하는 아이들에게 자주 말해주곤 해. "그런 데서 제일 맛있는 가게를 한다는 건 무리야."라고. 대신 "제일 재미있는 가게를 하는 건 가능하지 않겠어?"
라고 말해주지. 동네에서 제일 재미있는 데라면 손님들이 꼭 가게 되
어 있어. 그것이 우리가 목표로 삼고 싶은 가게야.

자, 그럼 어떻게 하면 재미있는 가게를 만들 수 있을까. 우선 가게
에서 제공하는 '즐거움'의 아이디어를 얻을 수 있을 법한 곳을 돌아다
녀봐야지. 그러면 바로 활용할 수 있는 자신의 무기를 쑥쑥 늘려갈 수
가 있어.

예를 들어, 내가 가보길 잘했다고 생각하는 데는 이런 가게야. 오
사카에 조개 전문점이 있는데, 전문점이라고 해도 꼬치구이용 숯불에
조개를 구워내는 것뿐이야. 추운 날에는 '조개주'라고 해서 홍합 껍데
기를 살짝 그을려서, 뜨겁게 데운 술과 함께 내어주는 그런 곳이야.

여기서 바지락을 주문하면 젓가락 대신 '어떤 물건'이 같이 나와.
뭐라고 생각해? 뭘 상상하든 틀렸을 거야. 세상에, 빨래집게가 나오
니까! 이걸로 조갯살을 집어먹는다는 재미있는 생각. 처음 봤을 때는
대단한 충격이었지. 좋은 아이디어와 만나게 돼서 횡재했단 생각까지
들었어. 내가 벌써 이렇게 깜짝 놀랐으니 내 가게에서 하면 손님들도
반드시 재미있어 할 테니까. 게다가 돈도 별로 들지 않아. 라이벌 가
게나 들여다볼 시간에 재미난 가게를 보러 가서 얻은 그런 소재들은
내 실력하고도 직결되는 거라 생각해.

이건 고이마리(古伊万里 – 에도 시대 아리타 지역 도자기)
그릇을 가공한 조명인데
일부러 이가 빠진 걸 골라서 만들었어.
싸고 새것에는 없는 멋이 있지.
거기다 이 빠진 그릇이면
"이렇게 하니까 생각보다 괜찮죠?"
뭐 이런 식으로 손님들과
대화할 수 있는 기회도 만들 수 있잖아.

남을 따라 하는 데 거리낌 같은 건 없어. 텔레비전에서 얻은 정보든 뭐든 간에 이용할 수 있는 건 다 이용해. 우리처럼 작은 가게라도 커다란 가게와 경쟁해야 하니까 수단, 방법을 가려선 안 돼.

대신 자기 나름대로 손님을 즐겁게 만들 궁리를 좀 더 해보는 거야. 예를 들어, 족발을 이용한 찐 만두가 유행한 적이 있었어. 다른 가게에서 하는 걸 보고 '나라면 어떻게 했을까?'를 생각해봤지. 남들 다 하는 식으로 만두를 만들어내는 건 재미가 없잖아. 그래서 난 오목한 사기 숟가락 위에 고기를 올리고 만두피로 덮어서 찌면 어떨까 생각했어. 이거라면 아르바이트생도 간단히 만들 수 있지. 그걸 한 접시에 두 개씩 얹어서 내면 손님들이 기뻐하지 않을까 생각했어. 이런 식으로 하면 평범한 찐 만두보다 훨씬 매력적인 상품이 되지 않을까?

좋은 아이디어를 따라 하는 건 천박한 게 아니라 작은 가게의 커다란 '무기'야. 장사도 안 되는데 고집을 부리며 자신만의 방식을 고수하는 것보단 덜 천박한 거라고.

따라 하는 건 천박한 게 아니라 작은 가게의 커다란 '무기'야. 큰 가게에서는 그때그때 유행에 따르거나 제철 요리를 놓고 메뉴를 만든다거나, 다른 가게에서 본 좋은 아이디어 같은 것에 즉시 반응할 수 없으니까 말이야. 하지만 우리 같은 작은 이자카야에서는 생각난 것을 바로 그날 실험해볼 수도 있어.

예를 들어, 우리 가게 근처에서 발포 사건이 났을 때 일인데 텔레비전에서 쉴 새 없이 보도를 하는 거야. 그래서 그날의 메뉴를 바로

우리 같은 작은 이자카야에서는
생각난 것을 바로 그날 손님에게
실험해볼 수 있다는 장점이 있지.

'팔보채'로 정했어(발포와 팔보의 발음이 똑 같은 걸 이용한 말장난). 손님들이 그걸 보고 씨익 한번 웃어주면 좋겠다고 생각했지.

몇 년 전인가? 중국산 만두가 문제가 됐을 때도 역발상으로 가보자고 생각했지. 실은 그때 우리 가게에서도 중국산 물만두를 쓰고 있었거든. 그래서 메뉴에다 일부러 '유감스럽게도 저희 집 물만두는 중국산이어서 판매를 중지합니다'라고 쓰고는 정말 만두판매를 끝냈어. 매일같이 보도가 되고 주목을 받고 있는데, 그걸 괜히 숨기고 그냥 파는 것보단 어차피 그만 팔기로 마음먹었다면 이렇게 하는 게 신뢰도 얻고 손님도 재미있을 거라고 생각한 거지.

종종 대형 체인점을 비롯해 몇몇 가게에 손님들의 피드백을 조사하기 위해 설문지를 놔두는 가게가 있는데 말이지. 그런 게 무슨 소용이야. 손님들의 마음을 사로잡기는커녕 음식점이 지녀야 할 최소한의 것들도 안 된 경우가 수두룩한데. 정작 그런 곳들은 스스로도 깨닫지를 못해. 아침부터 바싹 말라서 물기도 없는 샐러드를 내는 패밀리 레스토랑. 메뉴 사진은 그럴싸한데 80%는 지방덩어리인 말도 안 되는 고기를 내는 유명 야키니쿠 체인점. 물론, 열심히 노력하는 곳들도 잔뜩 있겠지만 말이야.

확실히 말할 수 있는 건 설문지로는 실제 손님들의 얼굴이 보이지 않는다는 거야. 장사라는 건 김 모 씨나 최 모 씨처럼 구체적인 손님의 얼굴을 떠올리면서, '아, 이 사람한테 이걸 먹이고 싶다.', '이렇게 해서 즐겁게 해주고 싶다'고 생각하는 게 훨씬 낫다고 생각해. 그것이 작은 가게를 운영하는 우리들의 최고 강점일 테니까.

자기 자신 외에는
모두
'손님'이다!

가게를 열었는데 좀처럼 매상이 오르지 않으면 초조해질 때가 있
잖아. 하지만 그럴 때 생각해봤으면······ 하는 게 있는데 '애당초 왜
이 장사를 시작했느냐'야. 누구든 스스로 가게를 가진다는 건, 이 장
사를 좋아하기 때문이라고 생각해. 다른 일을 하는 것보다 음식점을
운영하는 게 좋아서 시작한 거라고 말이야. 그렇다면 힘들 때도 장사
를 즐기지 않을 수 없겠지. 그럴 수 없다면 '좋아서 시작했다'는 건 거
짓말이 되는 거야.

난 말이야. 음식점처럼 편한 장사도 없다고 생각해. 술은 술 도매
상에서 가게 창고까지 친절하게 운반해주지. 우린 그걸 뚜껑만 따서
컵에 따라 내는데도 도매로 구입한 가격보다 몇 백 엔이나 더 많은 돈

을 손님한테 받을 수가 있어. 술의 원료가 되는 보리나 쌀을 만드는 사람들의 수고와 그 벌이를 생각하면 정말 죄송해질 정도야.

그런 '비싼' 술을 내는데도 손님이 즐거워한다? 그런데도 즐거운 장사라고 생각하지 않는다면 그게 이상한 것 아니겠어?

그러니 괴로울 때는 말이야. 자기가 이 일을 얼마나 좋아하는지를 다시 한 번 떠올려봐. 죽을힘을 다해 손님이 기뻐할 만한 일을 생각해 낸다면, 반드시 잘 되는 가게로 만들 수 있을 거야.

경기가 좋지 않을 때는 손님들이 외식을 피하기 십상이지. 그럴 때는 '어떻게 하면 손님들을 가게로 오게 할까?'를 여느 때보다 훨씬 더 많이, 다양한 각도에서 생각해보게 돼. 그럴 때는 닥치는 대로 시도를 해보고, 그중 하나라도 들어맞으면 정말 기쁠 거야. 다 틀리고 하나도 맞지 않다고 해도 괜찮아. 시도해보는 만큼 자신의 힘이 되어 갈 테니까.

난 말이야. 나 외에는 가족이라 해도 모두 '손님'이라고 생각해. 자기 부인이 가게에 한 번도 자신의 친구를 데리고 오지 않았다면 접객에 어떤 문제가 있는지 고민해볼 필요가 있어. 그러면서 '어떻게 하면 손님 마음을 즐겁게 만들어서 가게에 오게 할 수 있을까'를 계속 고민하다 보면 그것만으로도 가게에 커다란 플러스가 될 거야.

너무 힘들 때는 '내가 왜 이 가게를 시작했지?'를 떠올려봐. 내가 좋아서 시작한 일이란 걸 상기하게 되면 힘듦도 잊게 될 거야.

겨울철에 "으…… 추워!" 하며 손님이 들어오거든 "따뜻한 두부 있어요. 얼른 들어오세요." 이렇게 말을 걸어도 좋겠지. "우리는 좋은 두부를 쓰고 싶어서 유명한 집에서 받아와요." 이 상황에 이런 말이나 한다면 손님도 두부를 시키고 싶지 않을 거야.

예전에 어떤 지방 슈퍼마켓 얘기를 한 TV 프로그램에서 다룬 적이 있는데, 갓 튀겨낸 고로케를 갈라서 "드셔보세요!" 하면서 손님들이 시식할 수 있도록 해줘. 과일 파는 데서도 손님이 "이 포도랑 저 포도는 뭐가 달라요?" 하고 물으면 "이쪽은 ○○산, 저쪽은 ○○산이요." 하고 귀찮게 말하지 않고, 그냥 팩에서 각각의 포도를 따서는 "한번 드셔보세요." 하며 내미는 거야. 참 친절하기도 하지. 손님의 입장에서 생각하고 있는 거야.

슈퍼마켓에서 이렇게까지 하고 있으니 정가보다 비싸게 파는 음식점은 더 노력하지 않으면 안 돼. 닭튀김 하나라도 갓 튀겨낸 걸 "이거 드셔 봐요!"라며 손님한테 건네면 좋아하지 않겠어? 나라면 이 가게에 또 오고 싶어질 거라 생각해.

한번은 초밥 집엘 갔는데, 그날따라 전어가 너무 먹고 싶은데 거기는 가격이 좀 비싼 거야. 그래서 아내와 "전어가 먹고 싶은데 좀 비싸네요."라는 얘기를 카운터에서 했었어. 손님이 그렇게 얘기하는 걸 들었다면 나 같으면 말이지, 다른 주문을 낼 때 슬쩍 전어를 한 점 같이 내줬을 거야. 그러면 손님은 굉장히 기뻐하지 않겠어? '여기 또 와야지.', '다음엔 누구를 데려올까?' 그렇게 친구의 얼굴까지 떠올려줄 거라고 생각해.

장사를 한다는 건 그런 게 아닐까. 더워지기 시작하면 "일단 맥주부터 한잔 주세요!" 하고 들어와서는 내민 맥주를 한 번에 다 원샷해버릴 때가 있잖아. 그러면 "거, 참 시~원하게 잘 들이키시네." 하며 한 잔을 더 내줘. 참 단순한 일 같지만, 흔히들 하는 '7시까지 맥주 반값' 같은 전단을 뿌리는 것보다 이 편이 손님의 마음을 훨씬 확실하게 잡을 수 있다고.

대기업과는 다른
자영업자만의
'이기는 방법'

매상이 떨어지면 다들 어떻게 해야 하나 난감해하잖아. 그래서 심야 영업을 하는 이자카야라도 점심식사 영업을 생각하게 되지.

우리 가게도 예전에 매상이 떨어지기 시작했을 때 점심 영업을 생각했던 적이 있어. 하지만 점심 영업까지 시작하면 역시 스태프들이 피폐해지기 시작해. 일찍 나온 애들도 업무가 늘어지면 늦은 시간까지 있게 돼서 점점 피로가 누적되지.

게다가 점심 메뉴는 박리다매라 들이는 비용대비 효율도 많이 떨어져. 이자카야라면 점심보다는 밤에 영업시간을 늘리는 편이 훨씬 효율적이야. 늦은 밤까지 열어두는 곳이 많지 않으니 경쟁상대가 적고, 스태프들도 그 시간에 오롯이 마음을 집중할 수 있으니까 말이야.

매상을 늘려야 한다면 좀 다른 각도에서 궁리해볼 여지가 있지 않을까 해. 일전에 이런 이야기를 들은 적이 있어. 불량이 난 재고 원단을 사들여서 그걸로 옷과 소품을 적절히 배합한 빈티지한 아이템을 만든 뒤, 아주 싸게 판 거야. 그게 생각보다 불티나게 팔려서 실적을 늘린 회사가 있었지. 그 발상을 이자카야에 적용해보는 것도 재미있을 것 같아.

예를 들어, 메뉴를 가만히 살펴보면 단순히 음식과 음료만으로 나눠둔 가게가 많잖아. 하지만 음료 메뉴에다 술과 잘 어울리는 안주를 세트로 만들어놓는 것도 가능하지. 단순한 '조합'이지만 의외로 이를 실천한 데가 별로 없어. 이런 식으로 열심히 생각해서 이것저것 궁리를 하다 보면 반드시 매상을 늘릴 수단이 생길 거야.

다들 '좀처럼 아이디어가 떠오르지 않는다'고 그냥 쉽게 말해버리지만, 한번 생각해봐. 커다란 기업들은 엄청난 연구와 시행착오를 거듭해서 이런저런 다양한 가게들을 내고 있잖아. 하지만 개인이 하는 가게는, 오직 자기가 운영해야 할 가게 하나만을 생각하면 된다고. 대기업들이 내는 가게들이 하는 고민보다 열 배는 더 깊게 할 수 있어. 그렇게만 한다면 대기업을 상대로 경쟁하더라도 절대 지지 않을 거라고 생각해.

특별히 엄청나게 새로운 걸 생각하라는 게 아니야. 내가 대기업에

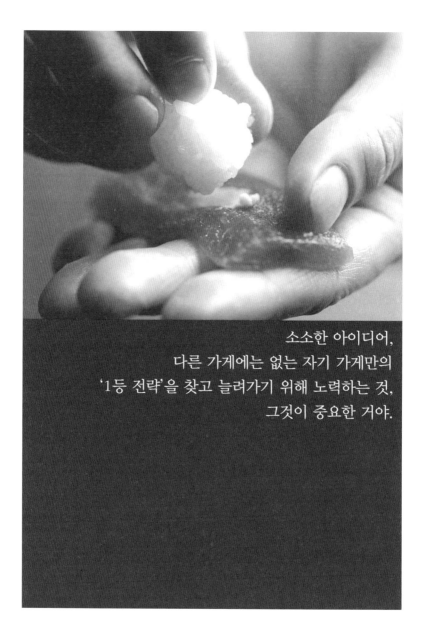

소소한 아이디어,
다른 가게에는 없는 자기 가게만의
'1등 전략'을 찾고 늘려가기 위해 노력하는 것,
그것이 중요한 거야.

관해 생각할 때 항상 느끼는 건 말이지. 대형 체인점들이 자신 있어 하는 '회사를 크게 만들기 위한 장사'와 자영업자의 '자신이 먹고 살기 위한 장사'는 다르다는 거야. 즉 자영업자한테는 그 나름의 '이기는 방법' 있어.

우리 가게만이 할 수 있는 '1등 전략'을 찾도록 노력해. 그것이 대형 체인점들과 싸워 이길 수 있는 길이

내가 가끔 들르는 한 라면 가게는 20년 동안 줄곧 같은 라면을 내고 있는데도 손님이 많아서 번창하고 있어. 세상에는 계속해서 메뉴를 바꾸어가며 수많은 체인을 전개하는 라면 가게도 있겠지. 어느 쪽이 옳다고 말할 수는 없지만 과연 어느 쪽이 더 오래 지속할 수 있을까, 하는 건 생각해보게 돼.

기업으로서 가게를 운영하게 되면 "새로운 거, 새로운 거, 새로운 걸 찾아야 해!" 하는 식으로 내몰리게 돼. 개인 가게라면 무리해서 새로운 걸 하지 않더라도 가게를 지속시킬 수 있지. 그런 것보다 소소한 아이디어, 다른 가게에는 없는 자기 가게만의 '1등 전략'을 찾고 늘려가기 위해 노력하는 것, 그것이 중요한 거야. 음료를 내는 게 누구보다 빠르다든지, 세트메뉴가 가장 신선하다든지, 대단한 게 아니어도 상관없어. 사소한 1등이 쌓이고 쌓여서 손님을 붙들고 번영으로 이끌어줄 거니까.

Part 2

인적이 드문 곳에 가게를 열어라

'이자카야의 신'이 밝히는 입지 선정 노하우

인적이 드문 곳의
가게가
잘 되는 이유

가게를 오픈할 때 다들 입지 때문에 골머리를 썩는데 이거 하나는 확실히 말할 수 있어. 음식점은 무조건 사람들의 왕래가 많은 장소에 낸다고 해서 번창하는 건 아니라는 사실! 보통 독립할 때의 군자금 기준은 500~600만 엔. 그걸 밑천으로 가게를 시작한다면 장사하기 쉬워 보이는 곳은 너무 비싸. 하지만 '실력'이 있다면 인적이 드문 곳이라 해도 얼마든지 손님을 불러들일 수 있지.

예를 들어, 작은 건물 3층에 가게가 있다 치자고. 그런데 와준 손님이 모두 "와, 제대로 찾아서 다행이다."라고 만족하게 만들 수 있다면 꼭 성공할 거야. 오히려 "이런 데 괜찮은 가게가 있어."라며 입소문이 퍼질 테지.

나부터도 그랬어. 제일 처음 열었던 가게가 입지가 진짜 안 좋은 아주 작은 가게였어. 도쿄 교외 주택가, 쿄도(經堂)에 다섯 평짜리 가게였는데 역에서는 가깝지만 인적이 드문 장소였지. 하지만 보증금이 30만 엔이라 엄청 싸서 거기다 가게를 내기로 했어.

그런 장소에서 다른 데랑 똑같이 해선 손님이 올 리가 없겠지. 그래서 막차 시간 다 돼서 귀가하는 사람들을 타깃으로 한 이자카야를 해보자 마음먹었어. 심야 요금으로 인당 300엔을 받았어. 300엔 안에는 서비스로 내는 된장국과 과일이 각각 100엔. 나머지 100엔은 내가 떠드는 대금, 뭐 그런 식이었지. 여자애들한테는 과일에 아이스크림을 같이 내주기도 하고 말이야. 그게 잘 들어맞아서 밤늦게까지 사람들이 잔뜩 찾아와서 하루에 6만 엔 이상 매상을 올리는 가게가 됐어.

처음 시부야에 가게를 냈을 때도, 후보에 올랐던 가게가 인적이 드문 역 뒤편의, 바로 옆에 그렇고 그런 술집이 있는 곳이었어. 시부야치고는 월세가 엄청나게 싸서 빌리기로 했는데, 계약서에 도장을 찍을 때 집주인마저도 "진짜로 괜찮겠어요?"라며 미심쩍어할 정도의 장소였지. 그런데도 2개월이 지나자 꽤 잘나가는 가게가 됐어.

'한 번 온 손님은 반드시 다시 오게 만들자'는 생각으로 있는 힘껏 노력했지. 하루 최소 한 명의 얼굴과 이름을 외워서 친해졌고, 간판 요리를 서비스로 내주기도 했어.

우리 가게만의 매력, 그걸 만들어야 해. 그게 손님들을 멀리서도 찾아오게 만드는 비밀이니까.

그럴 때 난 "맛있어요?" 이런 식으로 안 물어봐. "맛있죠!"라는 확신에 찬 한 마디. 이렇게 말하는 것만으로도 손님과의 거리가 확 좁혀지지. 어떤 장소라 하더라도 가게에 매력이 있으면 손님은 오게 돼 있어. 손님을 못 모으는 건 '입지' 문제가 아니라 가게의 '실력' 문제인 거야.

한번은 역에서 걷기에 딱 좋다고 여겨지는 거리보다는 '아, 좀 걷는데⋯⋯.'라고 생각할 만한 곳에 가게를 낸 적도 있어. 빌딩에 둘러싸인 오래된 독채 건물이었어. 역에서 멀다고 생각했지만 그 모습을 본 순간 '이거 딱인데!' 하고 결정했지.

주변에 가게가 거의 없으니까 손님들은 우선 이 가게를 먼저 찾아올 수밖에 없겠지. 하지만 어떠한 불리한 장소라도 A씨가 한번 가본후에 '아⋯⋯ 다음에 여기 B양이랑 C군을 데려와야겠다.'라고 생각하게 되는 가게는 반드시 잘 되게 돼 있다고 생각해. 그리고 세월이 각인된 그 건물에는 손님의 마음을 끄는 힘이 있다고 생각했어.

원래 그 집은 오래된 메밀국수 집이었는데, 대로변 쪽으로 넓은 입구가 나 있었어. 그것만으로는 재미가 없어서 나는 입구였던 곳을 앞뜰로 만들고 가게 옆 비좁은 골목에 있던 뒷문을 입구로 만들었어. 간판도 그저 작은 걸 달아놓았지. 손님들이 "이런 데 이런 가게가 있다"고 말하고 싶어지는 가게로 만드는 게 중요해.

인적이 전혀 없는 곳에 있는 우리 가게.
나는 이렇게 명함 한 장을 판에 박아서
'간판'으로 만들었지.
그런 곳에 커다란 간판을 걸어봤자 소용이 없으니까.
얼마만큼 '재미' 있게 하느냐,
그게 관건이야.

인적이 전혀 없는 곳에 있는 우리 가게. 나는 이렇게 명함 한 장을 판에 박아서 '간판'으로 만들었지. 그런데 커다란 간판을 걸어봤자 소용이 없으니까. 얼마만큼 '재미'있게 하느냐, 그게 관건이야.

역에서 몇 분 정도 떨어진 거리에 있는 우리 가게 하나는 간선도로변에 있는데, 이게 또 주변에 음식점은커녕 변변한 가게 하나도 없는 그런 곳에 위치해 있어. 보통은 여기다 번쩍번쩍 눈에 잘 띄는 간판을 내걸겠지만, 그런 건 재미가 없잖아. 그래서 나는 입구에서 가게 이름만 작게 새겨 넣은 커다란 철문을 달았어.

잔뜩 힘줘서 밀지 않으면 열리지 않을 만큼 무거운 문이야. 하지만 일부러 여기까지 와준 손님이라면 제아무리 무거운 문이라 해도 반드시 열고 들어오게 돼 있어. 오히려 '들어가기 힘든' 장치를 만들어둠으로써 손님들은 "이렇게 특이한 가게가 있네."라며 사람들에게 이야기하고 싶어지는 거지. 즉, 순식간에 손님을 그 가게의 '팬'으로 만드는 마법을 걸 수 있는 거야. 역 앞의 으리으리한 건물에 들어앉은 가게들은 절대로 걸 수 없는 마법이지.

역에서 멀다는 건 역 앞에 있는 가게와는 달리, 손님들이 거리를 걸으며 '대체 거긴 어떤 가게일까?'를 상상하면서 찾아오게 돼. 손님의 마음속에서 자연스레 '그 가게에 간다'는 스토리가 생겨나게 되지. 기분이 약간 들떠 있으니까 마법을 걸기도 쉬워. 그런 장소에다 풍류가 있으면서 접객도 잘하는 가게를 만들어놓는다면 손님은 틀림없이 팬이 되어줄 거라고 생각해.

부동산에서
좋은 가게를
소개받는 방법

그리 좋은 위치가 아니더라도 조건이 좋은 가게는 경쟁률이 높아서 계약하기가 쉽지 않아. 자, 그럼 '이거다!' 싶은 곳을 만났을 때 어떻게 해야 할까? 부동산에다 명함을 건네고 "잘 부탁합니다."라고만 해서는 안 돼. 여기저기서 문의가 자주 오고 자꾸 사람들이 찾아오는 곳이라면 스스로를 좀 더 어필해야 한단 말이지. 특별한 게 아니라도 좋아. 자신이 일했던 곳의 사진이라든가, 자기가 만들고 싶은 가게에 대한 계획, 출신이 어디고 자신이 어떤 사람이며 거기서 뭘 하고 싶은지가 전달될 만한 것을 상대에게 보여주는 거야. 뭔가 내 의지를 보여줄 수 있는 파일 하나만 두고 온다 해도, 그냥 명함만 툭 건네는 것하고는

싸고 좋은 가게를 얻고 싶다면, 사람과 사람 사이의 관계에서 승부를 걸어야 해. 나를 어떻게 어필할지 조금만 생각해보면 답이 나와.

전달되는 느낌이 다를 테지. 최종적으로 세입자를 정하게 되는 집주인도 '이 사람이 들어오면 좋겠어요.'라고 생각해주게 될 거라고.

내가 경영하고 있는 한 가게를 소개받았을 때의 일이야. 부동산에 처음 가니 드르륵 열고 들어가야 하는 미닫이문 앞에 신발을 벗고 들어가야 하는 그런 곳이었어. 입구에 몇 켤레나 되는 신발이 마구잡이로 흩어져 있기에, 난 들어가기 전에 내 신발뿐 아니라 다른 신발들도 정리해뒀어. 별로 귀찮은 일도 아니고 몸이 자연스레 움직인 거였어. 결과적으로는 앞에서 한번 이야기한 적 있는 '보증금이 엄청나게 싼 가게'를 소개 받았지.

물론 신발을 정리한 일이 그 계약과 직접 연관이 있는 건 아니었겠지. 하지만 부동산 아저씨가 내가 신발을 정리하는 모습을 보고는 "오~" 하고 생각하지 않았겠어? 이런 일로 상대가 0.2%라도 내게 호의를 갖게 될 거란 생각을 한다면, 아무것도 안 하는 것과는 커다란 차이가 생겨나. 아마도 그 다음번에 부동산 아저씨를 만날 때는 좀 더 확실하게 자신감을 가지고 만날 수 있겠지.

가게를 고르는 것 역시 가게 일과 마찬가지로 사람과 사람과의 관계가 중요하다고 생각한다면, 내가 뭘 해야 할지가 보이기 시작할 거야. 나는 가게 아이들한테 말하곤 해. 기계적으로 "어서 오세요."라고 하면 손님들을 끌 수 없다고 말이야. 부동산에 갔을 때에도 그저 "잘 부탁합니다.", "열심히 할 테니 좋은 가게 소개해주세요."라고 해서는 안 되는 거야.

그건 그렇고, 나쁜 위치에도 불구하고 열심히 노력해서 가게를 궤도에 올리고 한시름 놓았다고 생각했는데, 주변 환경이 바뀌는 경우도 있어. 예를 들어, 대형 체인 진출 같은 것. 보통 주변에 대형 체인이 생기면 작은 가게를 운영하는 사람들은 다들 '손님 뺏기게 생겼다. 큰일이야!' 하며 안색이 변하지만 나는 그렇게 생각하지 않아. 대형 체인의 경우, 월세든 인건비든 절대적으로 비용이 많이 들어가기 마련이니까 그에 비해 실속 있게 장사만 한다면 질 이유가 없지.

만약 그 지역의 어느 작은 가게에서 "이 손으로 직접 담근 거야."라며 할머니가 주름 가득한 손으로 정말 맛깔스러운 야채 겉절이를 내준다면 나도 모르게 먹고 싶어지잖아? 이런 건 대형 체인점에서는 절대 흉내 낼 수가 없어. 큰 가게들과는 다른 스타일로 가게를 운영한다면 손님이 오지 않을 일은 없어.

게다가 바꿔 생각해보면, 대형 체인이 진출한다는 건 그 지역에 고객 예비군이 있다는 '확인'을 받은 거나 다름없잖아. 남은 건 손님들을 자신의 매력의 노예로 삼아가는 일인 거야.

> 대형 체인점이 내 작은 가게 옆에 들어선다고 기죽을 필요 없어. 오히려 예비고객이 있다는 걸 확인했다 생각하고, 내 가게만의 매력으로 손님을 사로잡을 궁리만 하면 되는 거야.

'사람도 없고, 돈도 없고'가 최강의 무기가 되는 이유

독립해서 가게를 열 때, 어느 정도 규모로 시작하면 좋을지는 '어떤 가게를 하고 싶은지'에 따라 달라져. 간혹 부모님이나 다른 가족들이 자금 지원을 해준다면 처음부터 어느 정도 규모가 있는 가게를 열 수도 있겠지. 하지만 남의 돈을 빌려 30평짜리 으리으리한 가게를 만든다 해도 도와준 사람 앞에서는 평생 눈치를 볼 수밖에 없어. 게다가 실력도 늘지를 않지. 스스로 조금씩 가게를 일구어가며 성공을 시키는 과정을 통해 비로소 진짜 성장을 할 수 있는데 말이야. 그래서 난 스스로 매달 10만 엔씩 몇 년간 모아 500~600만 엔을 만들어서 5~6평짜리 가게부터 시작하라고 말해줘.

'제로'부터 시작한 가게일수록 필사적으로 전력을 다하기 때문에 전투력이 붙게 되어 있어. 그런 노력 끝에 손님들이 따라줄 테고. 얼마 후 30평짜리 가게를 열 수 있게 된다면 거기에는 가게가 성장하기까지의 드라마가 만들어지지. 내실 있는 가게가 될 수 있단 뜻이야. 이 경험을 하지 못한다면 평생 아쉬움이 남을 거라 생각해.

가게를 내는 장소도 마찬가지야. 처음부터 좋은 환경, 좋은 조건에서 가게를 냈다 치자고. 그게 나쁘다고 할 수는 없지만 좋은 장소에서 장사를 시작하면 '배고픔'이 없어져. 가만히 있어도 손님이 어느 정도 들어와주고 웬만큼 벌이가 되는 가게를 계속하다 보면 위기감이 생기지 않아. 어떤 상황에서도 손님을 모을 수 있는 진짜 실력을 가진 주인은 될 수 없어. 역에서 멀고 인적이 드문 장소라도 잘 되는 가게로 만들 수 있는 힘은 절대 기를 수 없는 거지.

혼자 힘으로 독립을 해서 연 가게가 아무리 자그마하다 하더라도 흥미를 끌 수 있는 방법은 얼마든지 있어. 혹시 가게가 길가에 있다면 오픈 전 공사를 하는 동안 사람들이 지나다니며 '여기는 어떤 가게가 들어설까?' 하고 흥미를 가지게 되지 않겠어? 개업을 한 후에도 한동안 꽃으로 가게를 장식해둔다면 '뭐지?' 하며 손님의 시선을 끌 수 있을 거야. 그렇게 지나다니는 사람들, 호기심을 갖는 사람들을 어떻게 손님으로 불러 모을 수 있을지를 생각해야만 해.

개업한 후 처음 3일 동안 손님과의 관계를 어떻게 만드느냐, 그 이미지가 머릿속에 완벽하게 그려지지 않는다면 한 달이 늦어진다고 하더라도 그것이 정립된 후에 개업을 하는 게 나아. 가게가 성공하느냐, 못하느냐와 직결되기 때문이야.

우리 가게에서 독립한 한 직원은 작은 이자카야를 냈는데, 여름에 오픈을 하면서 에어컨을 설치하지 않았어. 주인도, 손님도 모두 땀범벅인데 더워서 죄송하다고 내놓은 서비스 메뉴가 펄펄 끓는 어묵이었던 거지. 그런데도 참 대단했던 건, 개업한 지 얼마 안 돼서 손님 이름을 물어보고는 "준 씨, 닭튀김입니다." 이렇게 손님의 이름을 부르면서 일일이 접객을 하는 거야. 더 기가 막힌 건, 손님들도 돌아갈 때 "야마 씨, 잘 먹었어요." 하며 가게를 나선다는 것! 어느새 자신의 이름을 상대방에게 전한 거지. 내가 갔을 때 손님으로 앉아 있던 이웃 아주머니는 "나한테는 안 어울리지만 아들한테 추천해둘게, 야마 씨." 라고 말하며 돌아갔어. 대단한 영업적 재능이라고 생각했어.

이렇게 손님과 서로 이름을 부르는 관계를 만드는 건 개업하고 바로일 때가 아주 좋아. 얘기를 걸 계기를 쉽게 만들 수가 있거든. 제일 처음 손님을 어떻게 끌어들일지 이미지화하는 게 중요하다고 한 것도 바로 이 때문이야.

손님과의 관계를 만드는 건 대화뿐만이 아니야. 간단한 '소도구'

손님과 서로 이름을 부르는 관계를 만드는 건
개업하고 바로일 때가 아주 좋아.
얘기를 걸 계기를 쉽게 만들 수가 있거든.

를 이용해서 상대와의 틈을 좁힐 수도 있을 거야.

좀 오래된 일인데, 간판이 없어서 티셔츠에 가게 이름을 써서 기둥에 걸어둔 6평쯤 되는 가게가 있더라고. 거기서는 요리가 나올 때까지 한 권의 앨범을 건네주곤 했어. 앨범 속에는 화장실 벽을 칠하거나 의자를 만들거나 자기들끼리 이리저리 가게를 꾸미고 있는 모습을 찍은 사진들이 쭉 담겨 있었지. 그런 사진을 보면 화장실에 갔을 때마저도 손님들의 반응이 반드시 달라지기 마련이야. 가게와의 거리가 단숨에 좁혀지지. 이런 식으로 관계를 만드는 방법도 있구나, 생각했어.

지역 주민들의 마음을
확실히
사로잡는 방법

개업 장소를 고를 때 다소 무리를 해서라도 큰 동네에 여는 게 좋지 않겠냐는 상담을 받을 때가 있어. 그럴 때 난 "작은 동네라고 해서 기회가 적은 게 아니야. 거기서 손님들의 마음을 확실하게 사로잡을 수 있다면 큰 동네에서 성공할 수 있는 힘을 기를 수 있어."라고 이야기해.

작은 동네라면 고만고만하게 맛있는 정도의 가게라도 '느낌 좋은 아저씨'가 있고 '서비스가 좋다'면 성공할 수 있거든. 생각을 해봐. 밤에 이자카야에 가고 싶은데 아무리 맛있는 곳이 있다 하더라도 누가 일부러 전철을 타고 거기까지 가겠어. 그건 아주 번거로운 일이지. 집에서 가까운 곳에 입던 옷 대충 걸치고 가서 즐겁게 시간을 보낼 수

무작정 목이 좋은 곳에 있는 큰 가게를 차린다고 성공하는 게 아냐. 작은 가게의 특성을 살려 성공을 시킨다면 제대로 손님을 끄는 실력을 키울 수 있을 거야. 그때 큰 가게를 차려도 늦지 않아.

있는데다 요리도 웬만큼 하는 가게가 있다면 손님 입장에선 그보다 좋을 순 없지 않겠어?

이런 가게가 아주 큰 시내에 있다면 손님을 가게로 끌어들이는 데 훨씬 더 힘이 들 거야. 무엇보다 수없이 많은 경쟁자들이 있을 테니까. 그러니 처음에는 무리하지 말고 작은 동네에서 '손님을 끄는 실력'을 확실히 기른 다음 큰 동네로 나가더라도 늦지 않다고 생각해.

내가 사는 동네에는 '가볍게 뭐 좀 먹으러 가볼까' 싶은 가게가 없어. 가게는 띄엄띄엄 보이는데 다들 너무 똑같은 접객을 넘치게 하고 있지. 가게를 들어서면 판에 박은 듯 "어서 오십시오."나 "이쪽으로 앉으세요." 같은 안내만 하는 거야. 근처에 유동인구가 많은, 역을 끼고 있는 커다란 동네가 있는데 그곳에서 '손님 얼굴도 보지 않고 하는 접객'이랑 하나도 다를 게 없어.

작은 마을이라면 말이지, 대부분의 손님이 그 지역 사람들일 가능성이 높지 않겠어? 그렇다면 큰 동네에서 가게를 할 때보다 손님 마음을 파고들기가 반드시 더 쉬울 거야. 세상사는 이야기, 이런저런 일들 등 동네 사람끼리라면 지극히 자연스럽게 할 수가 있잖아. 하다못해 "역 앞에 새 빌딩이 생기나 봐요."라든지, 뭐라도 상관없을 거야. 그 지역 특유의 화제는 얼마든지 있어. 이건 굉장한 강점이야.

그러니 손님이 오거든 우선 물고 늘어져야 해. 일단 이름부터 외우고 근처에 사는지 어떤지를 넌지시 확인하는 것. 이건 기본 중의 기본이라고 생각해.

하나도 어려울 거 없어. 이렇게 하는 거지. 추가 주문을 받으면서 자연스럽게 묻는 거야. "여기 근처 사세요?" 손님이 "그런데요."라고 하면 "자, 그럼 친해진 기념으로 서비스 좀 내 드릴게요!" 이렇게 말하면서 토마토 샐러드나 오이 절임 같은 걸 내준다면 기뻐하지 않겠어? 다시 찾아올 가능성이 확 높아지지. 또 이웃인 걸 알게 됐으니 "가볍게 한잔 하고 싶을 때 꼭 들러주세요."라고 말을 걸기도 쉽지. 거기다 "메뉴에 없는 거라도 만들어 드릴게요."라고 덧붙여준다면 손님도 무척 친근하게 느낄 거야.

뭔가 대단한 걸 해야 한다고 생각하지 마. 때로는 간단하게 끓여낼 수 있는 면을 몇 가지만 상비해두기만 해도 돼. 어느 날 손님이 "좀 가볍게 먹고 싶은데 뭐 괜찮은 거 없어요?"라고 할 때, "면 종류라면 메밀국수, 열무국수, 우동이 가능한데 어때요?"라고 말한다면 무척 기뻐할 거야.

내가 자주 가던 시부야에 있는 한 가게 얘긴데 말이지. 아주 호탕한 아줌마가 하는 포장마차였는데, 겉모습과는 달리 메뉴는 불고기에 BGM은 라틴 음악이 흘러나왔지. 분위기가 너무 좋아

한 번 온 손님은 반드시 마음을 사로잡아 단골로 만들어야 해. 또한 단골들에게 친근감을 표현하고 그들을 다시 오고 싶게 만드는 것도 잊어선 안 돼. 간단하면서도 따뜻한 마음이 담긴 접객, 그것이 열쇠야.

뭔가 대단한 걸 해야 한다고
생각하지 마.
간단하지만 따뜻한 접객,
그게 중요하다고!

서 "데킬라 같은 게 있으면 딱 좋겠네."라고 그냥 한번 말해봤어. 그랬더니 아줌마가 씨익 웃더니 내 자리에서는 보이지 않는 선반에 손을 불쑥 뻗더니 데킬라 병을 꺼내주는 거야. 포장마차니까 당연히 데킬라 같은 게 있을 리 없다고 생각했지. 그런데 그런 식으로 내주니까 정말 말 그대로 감동인 거야.

손님의 마음을 사로잡는 게 대단한 걸 필요로 하는 게 아니야. 이렇게 간단하지만 따뜻한 접객. 마음과 정이 담긴 접객이 가게의 팬을 넓히는 결과로 이어진다고 생각해.

덧붙이자면 가게에서 손님이 들어오기만을 기다릴 게 아니라 지역 손님들을 적극적으로 불러들이려고 할 때 말이야, 보통 역 앞에서 할인 전단지를 나눠주곤 하는데 난 그것보다 훨씬 효과적인 방법이 얼마든지 있다고 생각해. 그리고 전단지 갖고는 절대 단골이 붙지 않아.

이런 예를 들어볼게. 우리 가게에서 독립한 한 직원 가게에서 생긴 일이야. 거기는 도로와 접해 있는 입구 한쪽에다 어묵 냄비를 놔뒀지. 하루는 그 가게에서 술을 마시고 있는데, 역 쪽에서 단골이 걸어오고 있더라고. 그러자 주인인 그 아이가 손님한테 "오늘은 안 들러요?"라고 물었고, 손님은 "오늘은 집에 갈 거야."라고 말하며 지나가버렸어. 그 아이는 "다음에 와요!" 하고 그를 지나보냈지.

근데 말이야, 시간도 이르고 역에서 걸어오는 거였으니 그 손님은 아직 저녁을 먹지 않았을 거 아냐. 만약 나였다면 "이거 가져가세요." 하며 어묵 두세 개쯤 건넸을 거야. 원가 200엔 정도밖에 안 하는 거지만, 그렇게 한다면 그 사람은 다음에 술을 마실 때 반드시 그 가게로 오리라 생각해.

　가게를 하는 사람이라면 절대 이런 기회를 놓쳐선 안 돼. 항상 손님을 어떻게 가게로 불러들일지, 거기에 대해' 굶주려' 있지 않으면 성공하는 가게를 만들 수 없어.

가게를
조급하게 골라서는
안 된다

우리처럼 작은 가게를 하려는 사람들은 자금에 한계가 있기 마련이잖아. 그래서 보통 시설이 다 되어 있는 곳을 통째로 얻을 수 있는 곳을 찾으려 해. 그럴 때 주의해야 할 게, 입지나 외관이 아무리 좋아도 개업할 때 제약이 많으면 안 된다는 거야.

나도 예전에 조건이 아주 좋은 '시설까지 통째로 내놓은 가게'를 소개받은 적이 있었어. 거기는 원래 이탈리아 식당이었는데 2~3개월 전에 2천만 엔 이상을 들여 내부 공사를 막 끝낸 곳이라 아주 좋았지. 시설은 300만 엔에 넘겨주겠다고 하니 조건도 좋고 말이야.

난 와인을 내세운 가게를 내고 싶어 하던 차라 이 가게가 '딱'이라고 생각했어. 그런데 막상 들어가려고 보니 집주인이 여간 까다로운 시설이 다 되어 있는 가게에 손쉽게 들어갈 생각만 하지 말고, 가게를 여는 데 제약이 없는지 잘 살펴봐야 해. 소중한 내 가게를 여는 건데 당연히 시간과 공을 들여야지!

게 아닌 거야. 주위에서 클레임이 들어오면 안 되니까 연기 나는 요리는 안 돼, 마늘냄새 나는 요리도 안 돼, 가게 앞에 차를 세워도 안 돼……

등등 이래저래 제약이 너무 많은 거야. 차로 오는 손님이 많은 지역인데 이래서는 얘기가 안 되겠다 싶어 포기해버렸지.

특히 점포 위, 아래가 거주 지역이라면 차라리 그만두는 게 나아. 아무래도 불만이 나오기가 쉬워서 영업하기가 힘들거든. 사람들 목소리가 위층에 울리니 밤늦게까지 영업을 할 수 없지. 떠들썩한 가게가 아니더라도 가게에서 나오는 손님들 이야기소리가 위층까지 들릴 테니까. 게다가 연기가 나는 요리는 생각도 할 수 없어. 건물을 올려다보는데 베란다에 아기 옷이 널려 있으면 어떡할 거야.

그러니 무조건 '시설이 다 갖추어져 있는가' 위주로 볼 게 아니라, 이런 모든 것을 다 고려해봐야 해. 음식장사가 제약을 받기 시작하면 마음껏 영업을 할 수가 없게 되니까.

그리고 점포가 2개로 나뉘어져 있는 곳도 피하는 게 좋아(1층, 2층 이런 식으로). 일손이 부족해서 힘든 점도 있고, 무엇보다 주인이 1층에 있다면 2층에 있는 손님들한테는 주인 얼굴이 안 보이잖아. 주인 얼굴이 보이지 않으면 그만큼 임팩트가 없어서 다시 오고 싶은 생각도 덜 들게 돼 있어. 그냥 테이블과 의자가 놓여 있는 방으로 안내 받아

들어가기만 하면 손님이 뭐가 즐겁겠어.

그리고 경기가 좋을 때는 빌딩 고층에 있는 가게도 나쁘지 않지만, 경기가 좋지 않을 때는 역시 사람들이 드나들기 쉬운 1층이 훨씬 유리해. 가게 앞에 좌석을 만들 수 있다면 더더욱 좋을 거야. 그것만으로도 매상이 크게 달라지니까 말이야.

나는 독립을 목표로 가게를 나가는 애들한테 "절대 가게는 급하게 결정하지 마.", "조급하게 가게를 내면 안 돼."라고 말해주곤 해. 가게를 낼 수 있을 때까지 우리 가게에서 아르바이트를 하면서 '이거다' 싶은 곳을 찾으면 돼. 실제로 지금까지 독립한 아이들도 보통 1년 정도는 시간을 들여 차근차근 가게를 알아보고 골랐어.

시간을 들이면 그만큼 가게의 콘셉트도 여유 있게 만들어갈 수 있어. 우리 직원들은 가게에서 일을 하면서도 종종 다른 가게를 보러 가기도 하고 그래. 그렇다 해도 시간에 제약이 있겠지. 그러니까 그만둔 후에 진지하게 연구를 시작하면 또 달리 보이는 게 있을 거야. 소중한 가게의 장소를 선택하는 일이니, 시간과 수고를 아껴선 안 돼.

그 외에도 독립하는 직원들에게 이렇게 이야기를 해줘. 제일 처음 내는 가게는 '수단인 가게'가 되어야지 '목적인 가게'가 되어서는 안 된다고 말이야.

'목적인 가게'라는 건 자기가 하고 싶어 하는 '최종 목표'가 될 수 첫 번째 가게는 '목표'가 아니라 '수단'이야. 그러니 이상과는 다르더라도 우선 손님을 불러들일 수 있는 실력을 쌓는 과정이라 생각하고 최선을 다해야 해.

있는 그런 가게를 말하는 거야. 예를 들어, 조용하고 안정된 분위기에 맛있는 음식을 내고 싶다, 뭐 그런 가게지. 하지만 처음에는 살아남기 위해서 머리를 쥐어짜내며 일단 매상을 올릴 노력을 해야 하잖아. 손님들을 불러들일 수 있는 가게를 만드는 게 우선이니까 말이야. 그러니 자신의 이상과는 다르다 해도, 첫 번째 가게는 우선 손님을 불러들일 수 있는 '수단인 가게'를 생각해내야만 해. 그렇게 처음 5년은 다음 단계로 나아가기 위한 준비라고 생각해. 첫 번째 가게를 성공시키는 일이 곧 다음 단계의 준비인 거지. 그 가게를 토대로 힘을 기른 다음 '목적인 가게'를 시작하면 되는 거야.

지방이기에
가능한 것

우리 가게에서 독립한 아이들은 북에서 남쪽까지 전국에 퍼져 있어. 특히 지방에서 열심히 노력하는 애들 중에 아주 활기차게 가게를 운영하는 애들도 몇몇 있지. 지방은 뭐니 뭐니 해도 월세가 싼 게 이점이잖아. 그래서 2호점, 3호점을 낼 때도 굉장히 유리해. 얼마 전에도 한 애가 모리오카(일본 북동부 이와테 현에 속한 지방도시)에 세 번째 가게를 냈는데, 역 앞에 있는 명당인데도 평당 월세가 한 달에 1만 엔이라는 거야. 도쿄에서는 있을 수 없는 금액이지.

번화가에 단독 건물을 빌려서 가게를 하는 애도 있어. 월세는 한 달에 20만 엔 정도. 지방에서는 손을 봐야만 쓸 수 있는 역 앞 단독 건물 같은 건 일반인들은 빌리지 않으니까 그렇게 싼 거야. 도쿄였다면 시부야에서 한두 구간 떨어진 곳에 가게를 내려고 해도 같은 돈으로 는 6~7평짜리밖에 못 얻어.

도쿄에서 가게를 낸 아이들도 열심히 해서 2호점, 3호점 가게를 늘려가는 케이스가 잔뜩 있지만, 지방에서 가게를 늘려가는 속도에 비할 바가 아니야. 1년에 한 군데씩, 3년 만에 3호점까지 낸 아이도 있어. 지방에는 젊은이들이 일할 만한 곳이 없으니까 일손을 구하기도 쉬워.

도쿄에서 일한 경험이 있으면 지방에서 가게를 낼 때 그게 그대로 무기가 될 수 있어. 도시에서 잘 나가던 가게의 '정취'를 그대로 가져간다면 반드시 어필이 될 거야. 가게 분위기나 메뉴 같은 데서 말이야. 모리오카에 있는 애는 1년에 네 번 정도는 도쿄에 가서 '유행'을 조사해가곤 해. 트렌드를 보는 거지. 그들은 단순히 유행을 메뉴에 적용하는 것으로 끝내지 않아. 예를 들어, 가게 손님이 도쿄에 갈 일이 생기면 "아, 도쿄 어디어디에 가 봐요. 분위기 죽이던데요?" 하고 정보를 줄 수도 있지.

혹은 자기가 일했던 가게나 단골 가게 이름을 꺼내면 "여기 가서 나한테 듣고 왔다고 ○○씨한테 말을 걸어 봐요." 이런 식으로 말을 해준다면 손님도 기뻐하지 않겠어? 도쿄 나들이에 약간의 재미를 더해줄 수 있겠지. 이렇게 한다면 다음엔 자신의 가게에도 꼭 다시 찾아와줄 거야.

보통 지방에 가게를 낼 때는 자신이 속속들이 잘 알고 있는 고향에다 내는 경우가 많아. 하지만 아무런 연고도 없는 장소에 가게를 내서 성공하는 애들도 있어. 센다이나 후쿠오카, 오키나와 같은 데서 말이야. 개중에는 순수하게 그곳이 좋다는 이유만으로 정착해 가게를 연 애도 있어. 하지만 잘 모르는 곳에 자리를 잡을 때는 너무 피폐해서 음식점이 발전할 만한 여지가 없는 곳도 있으니 그런 데는 주의해야 해. 물론, 자신의 취미를 즐길 수 있는 장소에 가게를 내는 건 좋은 선택이라고 봐.

자신의 취미를 즐길 수 있는 곳에 가게를 여는 것도 방법이야. 그 주제로 자연스레 손님들과 이야기도 나눌 수 있고, 항상 즐거운 마음으로 장사를 할 수 있을 테니까.

서핑을 좋아한다면 바닷가 근처에, 스키를 좋아한다면 산 근처에 잡을 수 있겠지. 물론, 겨울 동안 몇 개월이나 눈 때문에 고생하는 그런 데는 안 되니까, 연중 내내 손님이 제대로 찾아들 만한 그런 곳을 골라야겠지. 독립한 직원 중에는 골프를 좋아해서 매일 골프를 칠 수 있는 장소에서 가게를 성공시킨 애도 있어.

취미를 즐긴다는 게 단순히 '내가 즐거우니까 좋다'라고만 말할 건 아니야. 가게에도 분명 플러스가 돼. 손님들이 왔을 때 자연스레 그런 이야기를 나눌 수가 있잖아. 가게 내부에 취미와 관련된 인테리어를 해둬도 좋고. 어렵게 생각하지 않고도 손님들을 흥미롭게 만들어줄 게 정말 많지.

'즐거움' 이라는 자양분을
만들어낼 수 있는 사람은
'이길 수 있는' 사람이야.

가게를 낼 장소를 정했다면 이번에는 그 동네에 있는 가게에서 얼마 동안 아르바이트를 해보는 거야. 3개월이든 6개월이든 일을 해보면서 그 지방의 술 도매상이나 야채 가게와 안면을 터. 가게 만들기의 토대를 닦는 거지. 항구 마을이라면 어업 조합에서 3개월 정도 일해보는 것도 좋아. 친해지면 가게를 시작할 때 좋은 생선을 값싸게 공급받을 수 있거든.

만약 도쿄에서 가게를 연다면 생활에 여유가 생길 때까지는 적어도 몇 년은 걸리겠지만, 지방에 가게를 낼 경우에는 의외로 좀 더 빨리 성공이 오기도 해. 실제로 우리 가게에서 독립해 지방으로 간 후에 1년 만에 벤츠를 사고 제트 스키를 산 그런 애들도 있어. 집도 마찬가지로 지방의 단독 주택을 빌려 가족과 풍족한 생활을 누릴 수 있지. 도쿄처럼 집세가 비싼 지방에서는 집도 큰 곳은 빌릴 엄두가 안 나.

장사는 '인생을 즐기기 위해' 하는 거라고 생각해. 그렇다면 독립해서 가게를 내려고 할 때 꼭 도쿄 같은 시내에서 할 필요는 없을 거야. 오히려 도쿄에서 개업하는 것과 지방을 선택하는 것, 어느 쪽이 행복할까를 한 번 더 생각해보게 되지.

물론, 어느 곳이든 상관은 없어. 애당초 어느 곳에 있더라도 자신이 살아가기 즐거운 터전을 스스로 꾸려갈 수 있는, 그런 사람이 좋은 가게를 만들어 성공시킬 수 있다고 생각하니까 말이

장사는 '인생을 즐기기 위해' 하는 거니까, 도시에서 열든 지방에서 열든 항상 '어디가 더 행복할까?'를 위주로 고민해. 어디에서든 자신이 살아가기 즐거운 터전을 꾸려가는 사람이 가게도 성공시킬 수 있어.

야. '즐거움'이라는 자양분을 만들어낼 수 있는 사람은 '이길 수 있는' 사람이야. 반대로 그것이 불가능하다면 어떤 곳에서든 장사하기는 어려워. 난 그렇게 생각해.

'이웃에서 물건 사기'가
성공을 향한
첫걸음이다

너무 당연한 이야기인지 모르겠지만, 잘 되는 가게 만들기의 기본 중의 기본은 '이웃 사귀기'야. 작은 음식점일수록 특히 이웃 사람들과 좋은 관계를 만들어야 해. 그건 성공과 바로 직결되는 일이니까.

자, 가게를 새로 연다고 하자. 그럴 때는 생선이나 야채를 어디서 납품 받을까, 식기는 어디서 조달할까 등을 생각하게 되잖아. 이럴 때 나는 가능한 한 내 주변의 가게들에서 해결하려고 해. 그 지역에서 가게를 열기로 한 이상 그 고장의 신세를 진다는 걸 자각하는 것, 그리고 자신 또한 그 지방 상권에 공헌해나간다는 마음을 가지는 것이 중요하다고 생각하기 때문이야. 그건 반드시 자신의 장사에도 되돌아오게 되어 있어.

따라서 나는 '장보기는 그 지역에서!'를 기본으로 삼아. 그것도 같은 곳에 몇 번이고 가서 얼굴을 익히려고 노력하지. 우선 그 가게 사람이 나의 손님이 되어줬으면 하기 때문이야.

그 지역에 가게를 낸 이상 나도 그 지역에 공헌하며 살겠다는 마음가짐을 가져. 그렇게 이웃들과 좋은 관계를 맺으며 영업을 해나간다면 성공으로도 반드시 연결될 거야.

얼굴을 기억하는 건 간단해. 사소한 비결 하나를 알려줄까?

접시가 20장 필요해. 그러면 한꺼번에 필요한 수량을 다 사지 말고 네 번에 나눠서 5장씩 사는 거야. 그러면 그 가게에 최소 네 번은 가게 되니까 가게 사람이 반드시 말을 걸어주게 될 거야. 그러면 게임은 끝나는 거지. "이번에 요 근처에서 이자카야를 열거든요. 꼭 한번 들러주세요."라고 자연스럽게 이야기를 할 수 있지. 그 지역 사람들의 입소문으로도 이어질 거야.

처음부터 20장을 구입하고 "신규 개업하니까 들러주세요."라고 해도 똑같은 거 아니냐고? 아니, 전혀 달라. 그렇게 해서는 얼굴을 기억해주지도 못할 뿐더러 그 사람과의 관계도 만들지 못해. 그렇게 해선 그 지역에 뿌리내린 음식점은 될 수 없을 거야.

우리 가게에서 독립해 10년 전쯤 도쿄 마츠다에서 가게를 시작한 애가 있는데 말이지. 역에서 좀 떨어진 데 있어서 그 지역 손님을 못 잡으면 장사를 할 수 없는 그런 가게였어. 그 아이는 항상 화려한 기

같은 곳에 몇 번이고 가서
얼굴을 익히려고 노력해봐.
가게 사람이 알아보고 말을 걸어주면,
게임은 끝나는 거지.

모노에 옛날 관례용 모자를 쓰고 다녔는데, 그 차림으로 매일같이 지역 야채가게 같은데 가서 "오늘은 뭐가 있나요?"를 묻는 거야. 그렇게 하면 절대 얼굴을 잊을 수 없을 테고 보는 것만으로도 즐거워지잖아. 그런 식으로 다른 사람을 행복하게 만들 수 있다는 건 정말 대단한 일이지. 그는 현재 몇 개나 되는 가게의 오너가 되었어.

금융 기관과의 관계 역시 마찬가지야. 아무 때나 뻔한 창구에 가서 줄 서 있지 말고, 매일 같은 시간 같은 창구에 매상을 저축하러 가는 거야. 새빨간 티셔츠와 바지차림이라든지, 여하간 인상에 남을 만한 복장을 하고서 말이야. 그러면 '슬슬 빨갱이가 올 때가 됐는데' 하는 식으로 지점 사람들이 기억을 해줄 거야. 안면을 트게 되면 직원이 손님이 되어줄 수도 있고, 사업을 확장하고 싶을 때 대출받기도 쉬워져. 이런 일상의 소소한 행동들이 성공으로 향하는 계기가 되는 거야.

이웃을 향한 작은 배려도 자기 가게로 손님을 불러들이는 찬스를 늘려주지. 예를 들어볼까? 보통 바깥 청소를 할 때 2미터 정도 되는 호스로 자기 가게 앞에만 물을 뿌리게 되잖아. 나라면 6미터짜리 긴 호스를 사와서 양쪽 집 앞까지 깨끗하게 물을 뿌려줄 거야. 그러면 옆집 사람에게 누군가가 "이 가게 어때요?"라고 물었을 때 "가본 적은 없지만 주인은 좋더라고요."라고 해주지 않겠어?

생각지도 못한 아주 작은 행동 하나가 가게를 키우는 열쇠가 되는 거야. 평범한 행동이 가게 선전과 연결되는 거라고. 물 뿌리는 행동이 반드시 손님을 불러들인다는 뜻이 아니라, 청소처럼 큰 힘이 들지 않는 행동으로도 얼마든지 가게의 이미지를 지역 사람들에게 어필할 수 있다는 이야기야. 이런 행동들이 쌓이고 쌓여서 가게를 번창시켜간다고 생각해.

반대로, 가게 주변에서는 절대 해선 안 되는 일도 있어. 가령 선글라스는 개인적으로는 써도 되지만 가게와 관련된 장소에서는 절대 쓰지 않는다, 가게에 있는 동안은 담배도 피우지 않는다, 이런 것들. 어떤 유명한 초밥 집 요리사가 잠깐 쉬는 동안 담배 피는 걸 본 적이 있는데, 그 손으로 쥐어준 초밥은 절대 먹고 싶지 않다는 생각이 들었어. 손님이 불쾌하게 여길 만한 일은 손님이 보고 있을지도 모르는 장소에선 절대로 해선 안 돼.

지역 사람들뿐 아니라 거래처와의 관계 역시 똑같이 생각하면 돼. 이웃들과 마찬가지로 좋은 인간관계를 구축하는 건 정말 중요한 일이지. 보통 거래처를 대할 때 '나는 손님'이라는 태도를 취하는 경영자도 있어. 하지만 나는 항상 '거래처와 나는 대등한 관계에 있다'고 생각해. 낮은 자세로 '항상 고맙습니다.'라는 마음가짐으로 지낸다면 그들도 나를 언제까지나 소중하게 대해줄 테고 좋은 가게를 만드는 길로도 이어질 거야.

독립을 한 후에 가게에 궤도가 오르기 시작할 때, 지금보다 좋은 조건을 제시해오는 다른 거래처로 바꾸면 어떨까를 상담해오는 사람

'장보기는 그 지역에서!'
조금 더 싼 물건을 사는 것보다
오랫동안 쌓아온 인간관계를 지키는 쪽이
훨씬 더 소중한 자산을 남기는 거라고 생각해.

들이 종종 있어. 하지만 나는 처음 관계를 맺은 회사는 바꾸지 않기로 결정했거든. 그래서 그렇게 말해줘. 갓 시작해서 힘들었던 시간들을 함께 걸어와 줬는데 경영이 안정됐다 해서 갈아탄다는 건 도리에 어긋난다고 생각하기 때문이야. 조금 더 싼 물건을 사는 것보다 오랫동안 쌓아온 인간관계를 지키는 쪽이 훨씬 더 소중한 자산을 남기는 거라고 생각해.

> 처음부터 어려움을 함께한 거래처들. 그들과 함께 성장해나간다는 것, 그거야말로 정말 기쁜 일이야.

내가 처음 이자카야를 시작했을 때 근처에 있는 작은 생선 가게에 갔더니 "가게에서 쓰시려구요?"라고 물어보더라고. 그렇다고 했더니 "앞으로도 잘 부탁해요. 동업자 분도 소개해주시고요."라며 바지락을 한 움큼 서비스로 주더라고. 정어리도 한 마리부터 무조건 손질을 해준다기에 몇 마리 부탁해서 녹말을 묻혀 튀겨냈더니 이게 또 엄청나게 팔린 거야. 그렇게 우리 이자카야와 그 거래처는 서로 도움을 주고받으며 성장을 해나갔지.

지금 그 생선 가게는 한 달에 몇 천만 엔씩 매상을 올리는 가게가 됐어. 그렇게 고생을 함께한 가게와 같이 커갈 수 있다는 것, 그거야말로 정말 기쁜 일이지. 나는 진심으로 그렇게 생각해.

名札杭詰め

かうじ味噌

赤 味 噌

料理でできなくても
人しゃメニューよ
できる

Part 3

요리를 못해도 인기 메뉴는 만들 수 있다

무조건 성공하는 메뉴 만드는 법

평범한 메뉴를
특별하게
만드는 방법

'어떤 메뉴를 손님한테 낼 것인가.'

가게를 열 때 메뉴 만들기만큼 중요한 게 또 없을 거야. 하지만 손님의 마음을 사로잡을 메뉴가 무조건 '특별해야 한다'고 생각할 필요는 없어. 우리가 하려는 이자카야라면 '요리사'가 필요 없을 뿐더러 어려운 메뉴를 생각하지 않아도 된다는 뜻이야.

어떤 TV 프로그램에서 말이야, 한 이자카야 아줌마가 경영을 재정비하기 위한 상담을 하고 있었어. 근데 아줌마가 인터뷰에서 "난 돼지고기 두루치기밖에 못 만들어요."라고 하는 거야. 그랬더니 스튜디오에 있던 출연자들이 입을 모아 "아니, 어떻게 두루치기밖에 못 만들면서 이자카야를 할 수가 있어?"라며 비난 일색이었지. 그걸 본 나는 생각했어. '아니 무슨 소리지? 두루치기 하나만 확실히 맛있게 만들어도 얼마든지 잘나가는 가게를 만들 수 있는데!' 하고 말이야. 만약 아줌마가 "우리 집은 직접 담근 김치를 3주 간 숙성시켜 사용해요."라고 말한다면 먹고 싶어지지 않겠어? 단순한 메뉴라도 손님한테 보여주는 방식에 따라 잘 팔리는 상품이 되는 거야.

예전에 우리 가게에서 독립해 카나가와현 치가사키(도쿄 인근 소도시)에 가게를 내려고 하던 아이가 있었어. 그 아이를 보며 '나라면 그곳에 어떤 가게를 낼까?' 고민을 해본 적이 있지. 치가사키는 바닷가라 서퍼(surfer)가 많은 곳이야. 그렇다면 장사가 잘 되는 시간대는 점심. 차고라도 좋으니 장소는 바다에서 나오면 바로 있는 곳이 좋아. 메뉴는 든든하게 먹을 수 있으면 되니까 '카레'가 좋겠다고 생각했어. 그것도 딱 한 종류만. 대신 대·중·소 접시를 준비해서 800엔, 600엔, 400엔 접시 크기로 가격을 정하는 거야. 접시만 주고 카레는 큰 냄비에, 밥은 대형 보온밥통에 넣어서 셀프 서비스로 이용하게 하는 거지. 야채 절임도 자유롭게 먹을 수 있도록 양껏 두면 좋을 거야. 그러면 아르바이트도 별도로 필요 없지.

배가 한껏 고픈 손님이 이때다 싶어 접시에 카레랑 밥을 잔뜩 담거든 "남기면 벌금이에요." 하고 씩 웃으며 얘기하는 거야. 손님이 "그럼요. 다 먹을 수 있어요!"라고 대답하면 괜찮은 커뮤니케이션이 형 이자카야를 여는 건 기술이 필요한 일이 아니야. 단순하지만 보여주는 방식에 따라 특별해 보이는 메뉴, 그런 걸 떠올리는 게 중요해.

성되는 거지. 그리고 바다에서 나온 사람들을 위해 가게 앞에 간이 샤워기를 준비해두는 거야. 메뉴가 딱 하나뿐이라 해도 그런 가게가 있다면 가고 싶어지지 않을까?

보는 관점을 바꾸기만 했는데 평범한 메뉴가 특별해 보이는 경우도 있어. 이제는 그리 신기하지 않지만 전에는 초창기 때 사람들을 혹하게 했던 건데 여름에 어묵이나 탕 요리를 팔 때 말이야. 메뉴에 그냥 '어묵'이라고 쓰면 심심하지만 '참 신기하죠. 여름인데도 인기 있는 어묵' 이렇게 메뉴에 쓰는 거야. 장난스러우면서도 재치가 있으니까 사람들은 '어라?' 하며 관심을 가져줘.

여름에 탕 요리를 할 때 역시, 테이블 위에 처음부터 아예 가스버너를 세팅해두는 거야. 그러면 손님은 '이건 어디다 쓰는 거지?'라고 생각할 테지. 그러면 "이건 어떤 요리할 때 쓰는 거예요?"라며 자연스레 주문으로 이어지는 거야. 간단하지만 이런 것들이 결국 '잘 팔리는 메뉴'로 이어지는 거라고.

무엇보다 이자카야 요리는 '나라도 만들 수 있겠다'고 생각할 만한 게 좋아. 복잡하고 가정에서는 할 수 없는 요리를 낼 필요가 전혀 없다고.

"이 집 어묵은 어떻게 이렇게 맛있어요?"라고 손님이 물어올 때 "수프랑 같이 냉장고에 하룻밤 넣어둬서 맛있어지는 거예요."라고 맛의 비결까지 간단히 설명할 수 있는 그런 요리가 베스트. 설명할 수 있으면 손님과 대화할 수 있으니 거리도 좁혀질 테고. 이렇게 간단한 '맛의 비결'을 1년에 10개든 20개든 조금씩 모아서 100개 정도 떠들 거리가 생긴다면 장사하는 사람에겐 대단한 재산이 될 거야.

요리 비결을 다 가르쳐주면 손님이 더 이상 안 오지 않겠냐고? 절대. 그런 걱정은 할 필요가 없어. 손님이 '좋은 가게'라고 생각했다면 반드시 그는 다시 찾아오게 되어 있으니까 말이야.

우리가 하려는 이자카야는 기술로 승부하는 게 아니야. 그러니 자기가 할 수 있는 범위 내에서 손님을 즐겁게 해줄 방법을 고민하면 되는 거야.

이자카야를 갓 시작했을 무렵, 회를 내려고 새끼 방어 횟감을 사온 적이 있었어. 그런데 기술이 없으니 깔끔하게 썰어지질 않는 거야. 그래서 결국 포기하고 아예 '대충 썰어 더 맛있는 회'라고 이름을 붙여 메뉴를 만들었어. 단면이 엉망진창이라도 신경 쓰지 않게끔 대접에 담아낸 거지. 그런데 사람들이 또 이걸 엄청 좋아하는 거야. 당시에는 그런 식으로 회를 내는 곳이 없으니까 신선했던 모양이지. 실력이 없어도 아이디어만 있다면 얼마든지 잘 팔리는 메뉴로 만들 수 있

우리가 하려는 이자카야는
기술로 승부하는 게 아니야.
그러니 자기가 할 수 있는 범위 내에서
손님을 즐겁게 해줄 방법을
고민하면 되는 거야.

다는 얘기야.

'밥 하나는 기가 막히게 맛있다'는 걸 간판으로 내걸고 싶다고 쳐. 질그릇에 밥을 하는 건 어렵더라도 작은 밥솥에서 갓 지은 밥을 내어놓는 건 누구라도 가능하잖아. 그때 싼 정미기를 사와서 그 자리에서 정미해낸 쌀로 지어서 내는 거야. 손님한테는 "쌀은 살아 있으니까 우리 집은 주문이 들어오면 그때그때 바로 정미해서 밥을 지어요."라고 말하는 거지.

홈런 한 방을 노리는 그런 메뉴가 아니라도 좋아. 예를 들어, 회에 곁들여 내는 채소를 얇게 썬 무가 아니라 껍질째 찐 완두콩으로만 바꿔도 얼마나 재미있어. 누구나 알고 있는 메뉴를 살짝 비틀기만 해도 안타는 칠 수 있어. 잘 팔리는 메뉴로 바뀌는 거지.

예전에 이런 일이 있었어. 우리 가게 대표 메뉴 중에 무를 넣은 어묵 탕이 있었는데 말이지, 안에 든 어묵이 엄청나게 커. 딱 봤을 때 "와 진짜 크다!"라는 임팩트를 주려고 한 것도 있고, 다 먹기 전에 식게 만들려는 의도도 있었지. 식으면 손님한테 "새로 데워다 드릴게요."라며 한 번 더 말을 붙일 수 있고, 다시 데워줄 때 먹기 쉽게 두 조각이든 네 조각이든 손님 수에 맞춰 잘라서 가져가는 거지.

그런데 하루는 우리 가게에 요정을 운영하는 핸디캡이 있기 때문에 머리를 싸매고 궁리하는 거야. 그래서 혼자 하는 가게, 작은 가게는 오히려 새로운 기회를 가져다줄 수 있다고.

사람과 요리사들이 왔어. 이런저런 이야기를 하다 무 어묵 탕의 개발 의도에 대해 설명하게 됐지. 그랬더니 "따뜻할 때 먹으면 좋은 요리를 안 먹고 식게 놔두는 것도 손님 마음이잖아. 그래서 우린 다시 데워주지 않아. 당신 설명은 잘 이해가 안 가는군." 하고 말하는 거야. 난 그때 생각했지. '와…… 일류 요정에서도 못하는 일을 우리는 하고 있구나.' 그리고 나는 이 아이디어가 굉장히 좋다는 걸 새삼 느꼈어.

　작은 가게, 혼자서 하는 가게라면 더욱 다양한 아이디어를 떠올릴 수 있어. 혼자서 하는 가게엔 일손이 부족하니까 물 같은 건 손님이 직접 따라 먹을 수 있도록 해주는 거야. 대신 백엔숍에서 사온 포트에 재스민차와 우롱차를 담아서 좋아하는 걸 고를 수 있게 하는 거지. 그러고는 "나도 한잔 줄래요? 진짜 덥네요!" 이렇게 손님과 대화까지 할 수 있다면 정말 최고지. 손님을 가게 쪽으로 확 끌어당길 수 있어.
　핸디캡이 있기 때문에 머리를 싸매고 궁리하게 되는 거야. 그것은 곧 기회이며 실력의 바탕이 되는 거야. 그렇게 고민할 때만이 비로소 가게를 성공으로 이끄는 실력이 붙기 시작하는 거라고.

모방이
인기 메뉴를
만들어낸다

메뉴를 만들 때 그때그때의 유행이나 계절을 잘 살펴볼 필요가 있어. 그렇다고 너무 어렵게 생각하지는 마. 유행이나 제철 요리에 특별히 민감하지 않더라도 일상생활 속에 소재는 얼마든지 있으니까.

채소 가게에 가면 계절 채소들이 쭉 진열되어 있잖아. 그걸 보면서 '이걸 어떻게 제공해야 손님들이 기뻐할까'를 생각하면 돼. 춘권을 만들든 된장국을 끓이든, 극히 친숙한 요리를 약간만 변화시켜도 되지. 정교한 요리가 아니더라도 손님들이 좋아할 만한 메뉴는 얼마든지 만들 수 있어.

길가에서 쉽게 보는 계절 꽃을 요리에 더하는 것도 괜찮은 연출이 될 거야. 여자가 주문한 회에만 꽃을 곁들여서 "예쁘니까 서비스!"라고 말하며 내주면 요리에 재미가 생기겠지.

유행 정보 역시 여기저기 넘쳐나고 있어. 맘만 먹으면 얼마든지 캐치해서 내 것으로 만들 수 있지. 가장 간단한 방법은 TV에서 정보를 얻는 거야. TV 광고에 보면 다양한 음식들이 소개되잖아. 신상품뿐 아니라 계절 식재료를 이용해 새롭게 먹는 방식들도 제안해주지. 엄청난 돈을 들여 하루에 몇 번이고 CM을 흘려대면서 '정말 맛있다'는 걸 보이려고 애쓰잖아. 그걸 보면서 "와, 정말 먹고 싶다!"라고 생각하는 사람, 꼭 있을 거야. 그렇게 대형 식품 회사들이 돈 들여 광고까지 해주는데 "고맙습니다." 하며 그 아이디어를 빌려 쓰면 되는 거야.

맛집 프로그램은 또 어떻고. 맛있어 보이고 임팩트가 있는 메뉴들이 얼마나 많이 소개돼? 그런 걸 보면 "좋았어, 바로 저거야!"라고 생각하라고. 특히 3분 만에 조리 가능한 간단한 요리가 있다면 집중해서 보라고. 어렵지 않게 짧은 시간 안에 척척 만들 수 있는 요리니 언젠가는 도움이 될 거라고.

TV에 나오는 것들을 흉내 내는 게 부끄럽다고? 그런 생각을 버려야만 바싹 마른 스펀지처럼 외부의 정보를 쏙쏙 흡수할 수가 있단 말이야.

책이나 잡지도 좋은 정보원이 될 거야. 특히 주부를 대상으로 한 요리 잡지 같은 건 참고할 만하지. 이런 잡지에 소개된 메뉴들은 1년만 지나도 낡은 게 돼버릴 만큼, 그때그때 핫한 트렌드를 그대로 반영하고

정보를 얻을 수 있는 곳은 널려 있어. 내 발품과 노력을 들여 그것들을 찾고 연구할 때 비로소 내 것이 될 수 있는 거야.

있어. 단, 남이 산 잡지를 빌려보는 건 안 돼. 소재로 쓸 자료는 발품을 팔아 직접 찾고 자기 돈으로 사야만 해.

이걸 가르쳐준 게 제일 처음 일했던 카페의 선배였어. 거기는 딸기 주스가 잘 나가는 가게였는데, 딸기는 조금만 상처가 나도 그 부분을 도려내고 쓰기 때문에 버려지는 양이 꽤 되는 거야. 아깝다는 생각에 그걸 모아 잼을 만들어보기도 했지만 금세 상해버리고 말더라고. 그래서 그걸로 뭐 만들 수 있는 게 없을까, 요리책에서 정보를 얻으려고 선배가 갖고 있던 책을 빌리려고 했어. 그러자 "책은 직접 사야지 자기 것이 되는 거야."라고 말하며 빌려주지 않더라고. 지금 생각하면 좋은 걸 가르쳐줬다고 생각해.

메뉴의 소재를 얻을 수 있는 곳은 얼마든지 많다는 걸 이제 알았을 거야. 그렇다고 그대로 그걸 똑같이 흉내 내기만 해선 안 돼. 중요한 건 어떤 요리든 자기 나름의 아이디어를 더하지 않으면 매력적인 상품이 될 수 없다는 거야. 레시피든 네이밍이든 제공하는 방식이든, 사소한 거라도 좋으니 최종적으로는 '내 가게니까 이렇게 한다' 라고 말할 수 있는 요리로 완성해야 해. 그러지 않으면 잘 팔리는 상품이 될 수 없어.

한 예로, 철판구이가 유행하던 시절이 있었지. 우리 가게 메뉴에도 넣으려고 했던 건데 말이야. 그냥 철판에다 고기를 구워내는 건 재미가 없잖아. 그래서 강가에서 주워온 돌을 달궈서 그 위에 고기를 올

무작정 흉내 내기만 하라는 게 아니야. 기존의 메뉴에 자기만의 아이디어를 더할 때 비로소 매력적인 '우리 가게만의 상품'이 될 수 있는 거라고. 리자고 생각했어. 물론 깨끗이 씻어 몸에 해롭지 않은지 정도는 알아봐야겠지. 이렇게 하면 보기에도 임팩트가 있고, 식욕을 자극하는 지글거리는 소리와 잘 익은 고기의 좋은 냄새까지 몽땅 손님에게 제공할 수가 있잖아. 자갈은 주워왔으니 재료비도 공짜고 말이야.

나는 '이거다!' 싶은 유행 소재는 곧바로 직접 시험해보는 편이야. 옛날에 카페를 운영할 당시 근처에 유명한 샌드위치 가게가 있었거든. 거기서 처음으로 '핫샌드'라는 걸 먹어봤어. 따뜻한 샌드위치라니 그 시절에는 드물었던 거라 왠지 멋져 보였지. 아마 지금의 토스트쯤 될 거야. 난 곧장 카페로 달려와 비슷하게 만들어봤어. 잘 갈린 고기와 시금치가 들어간 '허클베리', 베이컨과 시금치를 넣은 '뽀빠이' 등등 설레는 가슴으로 이름도 열심히 생각하면서 말이야. 결과는 어땠겠어? 물론 엄청나게 잘 팔렸지!

단순히 '유행에 뒤처져선 안 된다'는 생각으로 이것저것 메뉴에 넣는다고 해서 잘 팔리는 요리가 되지 않아. 자기만족이라도 좋으니 흉내 내기에 그치지 말고 내 아이디어를 넣으며 메뉴 자체를 즐겨보라고. 스스로 즐기지 못하면 결국 손님도 즐거워하지 않을 테니까. 메뉴판에 요리를 하나하나 적어 넣을 때 나도 모르게 입가에 '씨익' 미소가 걸리는 그런 상품, 그런 걸 만들 수 있다면 성공할 거라고 생각해, 난.

원가를 낮추면서도
손님 만족도를
높일 수 있는 방법

가게를 하다 보면 식자재 값이 올라서 매출 관리가 힘들어질 때가 있잖아. 그래서 거래처를 더 싼 곳으로 바꾼다든지 하는 식으로 여러 대책을 마련하기도 해. 하지만 나는 오랫동안 쌓아온 거래처와의 관계를 끊어서 비용을 절감하려는 생각은 안 해. 함께 커온 '동료'와의 신뢰 관계는 비용 절감보다 훨씬 더 가치가 있으니까. 자, 그럼 음식 가격을 올려서 손님들로부터 원가가 상승된 부분을 충당하느냐, 그것도 하고 싶지 않아.

'아니, 그랬다간 가게가 제대로 돌아가기나 하겠어?'라고 생각할지 모르겠지만 우리는 식자재에 구애받는 메뉴를 내는 요리집이 아니니까 아이디어만 있다면 얼마든지 비용 절감의 길이 있다고 생각해.

물가가 올랐다고 무조건 거래처와 협상하려 하지 말고, 새로운 메뉴로 고객을 만족시켜줄 궁리를 해봐. 단, 무조건 '손님의 마음'을 먼저 신경 써야 한다는 것, 그게 가장 중요해!

예를 들어, 요리에 쓰는 재료를 바꾸는 것도 하나의 방법이겠지. 냉동 우동과 파스타를 국수로 바꾼다면 어때? 냉동 파스타는 1인 분에 80엔이지만 국수는 1인 분에 30엔도 안 들어. 파스타를 기존처럼 내놓아야 한다면 '알덴테(면 삶은 정도. 씹는 맛이 나게 중간 정도로 익힌 것)로 내기'에도 신경을 써야 하잖아. 그러니 파스타 대신 국수를 이용해 옛날식 나폴리탄(케첩으로 만드는 일본식 스파게티)으로 하면 알덴테가 아닌 게 더 맛있거든. 그런 식으로 재료만 바꿀 게 아니라 메뉴 가격도 살짝 낮추면서 재료에 맞춘 새로운 메뉴를 생각해내면 되는 거야.

음료도 마찬가지. 맥주 업자와 가격 인하 교섭을 하기보다 손님이 맥주 다음으로 많이 주문하는 소주 있잖아. 그게 맥주보다는 총 이윤이 더 많으니까 그 주문이 늘어날 수 있도록 노력하는 게 더 낫지 않을까 해. 즉, 손님들이 주문하는 음료 중 총 이윤이 더 많은 것의 주문이 늘도록 하라는 거지. "우리 고향에서 갖고 온 독특한 소주가 하나 있는데 맛이 아주 향긋해요. 한번 마셔보실래요?"라고 말한다면 당연히 마시고 싶지 않겠어? 단순히 "맥주 한 잔 더!"라는 주문을 받는 것과는 비교할 수 없겠지. 손님과의 커뮤니케이션도 활발해지고 말이야.

단, 메뉴를 바꿀 때 손님의 만족도가 떨어지게 해선 안 돼. 그러니

손님의 마음을
알고 싶어 하는 자세야말로
음식점 경영자에게
빠져선 안 되는 자질이지.

메뉴를 변경할 때에는 무조건 원가만 생각할 게 아니라 가장 먼저 '손님이 어떻게 생각할까?'를 신경 써야만 해.

간단한 일이지만 손님이 음식을 남겼다면 '왜 남겼을까?'를 생각하는 거야. 그리고 손님에게 "음식 어떠셨어요?" 하고 물어보는 거지. 음식을 남겼다고 기죽을 필요는 없어. 그냥 배가 불러서 남겼을 수도 있고, 원래 많이 안 먹는 사람일 수도 있으니까. 그럴 때 '개선'할 수 있는 기회라고 긍정적으로 생각하고 원인을 찾는 게 더 중요한 거야.

이렇게 손님의 마음을 알고 싶어 하는 자세야말로 음식점 경영자에게 빠져선 안 되는 자질이지.

어릴 적 어머니를 생각해봐. 어머니가 만든 요리를 자녀가 잘 먹지 않는다면 당연히 '왜 안 먹지?'라고 생각하겠지. 손님을 생각하는 마음도 그와 마찬가지로 자연스럽게 우러나야 해. 그러니 테이블에 남은 요리를 보고 '어째서?'라는 생각이 들지 않는다면 음식 장사는 그만두는 편이 좋아.

작은 가게가 대기업 상대로 반드시 이길 수 있다고 말하는 건, 각각의 손님을 대하는 '마음' 때문이야. 에어컨이 시원한 건 당연한 일이지만 엄마가 부쳐주는 '부채 바람'에서는 시원함뿐만 아니라 행복을 함께 느끼잖아. 상대를 향한 마음, 그게 있다는 게 가장 큰 경쟁력이라고.

불황에 강한,
알기 쉬운
간판 메뉴

나도 오랫동안 가게를 하고 있으니까 경기가 아주 나쁠 때도 경험을 해봤지. 이럴 때 손님은 공들인 음식이나 특이한 메뉴에는 눈길이 가지 않아. 음식은 둘째 치고 가게에 모여 '앞으로 세상이 어떻게 될지'에 대해 이야기를 하고 싶어 하거든. 주가가 어찌될지, 불경기가 언제까지 이어질지, 그런 이야기를 나누고 싶은 거지.

식당에 오긴 했지만 5분이고 10분이고 메뉴를 보며 느긋하게 고르고 있을 기분도 아니야. 이름을 봐도 내용을 알 수 없는 메뉴는 설령 내가 열심히 설명을 하더라도 찬찬히 들어줄지 의문이고. 그럴 때 우리 가게에서는 닭튀김이나 고로케처럼 누구나 어린 시절부터 친근하게 먹어온, 소위 '간판 메뉴'를 어떻게 하면 강렬하게 내세울 수 있을

'小六ッケ'(작은 여섯 개의 고로케라는 의미(발음이 비슷한 걸 이용한 말장난))는
내가 생각해낸 '간판 메뉴' 중 하나야.
나는 이런 식으로
농담을 가미한 메뉴 만드는 걸 무척 좋아하지.

지를 고민해. 누구나 알고 있으면서 언제든 맛있게 먹을 수 있는 그런 메뉴는 손님이 "우선 이것부터 먼저 주세요."라고 선택하기 쉬운, '불경기에 강한 메뉴'라고 생각해.

일본은 참 재미있는 나라라서 말이지, 아무리 작은 동네라도 중국집이 있고 서양식 레스토랑이 있고 한국 음식점까지 있거든. 그렇게 친숙한 요리 장르 중에서 각각 제일 먼저 떠오르는 메뉴를 3개씩 고른다면 뭐가 될까? 그걸 생각해보면 '강한 간판 메뉴'를 찾아낼 수 있어.

예를 들어, 중화요리라면 교자, 마파두부, 고모쿠 야키소바(五目焼きそば, 다섯가지 야채를 넣고 볶은 면요리) 같은 게 되겠지(한국 사람이라면 자장면, 짬뽕, 볶음밥–편집자주). 이런 식으로 사전 조사를 철저하게 하는 거야. 불경기에 강한 메뉴는 저력이 있어서 TV에 반복해서 특집으로 보여줄 가능성이 높으니까 그런 걸 유심히 보는 것도 좋은 방법이야.

또 한 가지 방법은 과거의 인기 메뉴를 부활시키는 거야. 아무리 인기가 있어도 몇 년 전에 만든 메뉴는 매너리즘을 느끼거나 점장의 판단으로 라인업에서 빼버리는 가게들도 많거든. 하지만 5년, 10년씩 인기가 있던 메뉴는 그만큼 힘이 있는 거야. 그래서 난 불경기 때 직원들과 "우리, 과거의 인기 메뉴를 적극적으로 부활시켜보면 어때?"라고 얘기하곤 하지.

경기가 나쁠 때일수록 가게 직원 모두가 가져야 할 중요한 의지가 팔겠다고 마음먹은 상품은 그날 무조건 다 팔려고 노력해야 해. 스태프 전원이 '팔려는 의지'를 갖고 '파는 능력'을 키운다면 불경기도 문제 없어.

있어. 바로 '오늘 팔겠다고 한 상품은 무슨 일이 있어도 다 판다'는 거야.

예전에 우리 가게에선 가을이 돼서 '꽁치'에 주력을 한 적이 있거든. 어느 날 손님이 하룻밤에 80명이 왔는데 꽁치는 고작 12마리밖에 안 팔린 거야. 주력하는 상품인데 그래서야 되겠어?

"왜 그것밖에 안 나간 거야?"라고 묻자 가게 아이는 "그냥, 주문을 안 하더라고요."라는 거야. 하지만 난 단순히 '안 팔렸다'고 생각하지 않았어. '파는 능력이 없었던' 거라 생각했지.

'판다'는 건 말이야. 예를 들어, 꽁치를 30마리 받았거들랑 그걸 오기로라도 다 팔고 말겠다는 마음을 가지는 거야. 손님이 주문하기만을 기다려서 30마리를 팔 수 없다면, '어떻게 하면 다 팔 수 있을까'를 생각하는 게 우리 일인 거지.

메뉴 쓰는 법 하나만 해도 팔고자 하는 의지가 있다면 완전히 달라질 거야. 날마다 메뉴를 손으로 쓰는 가게는 많지. 하지만 그냥 손으로 쓴다는 거지 거기에 어떤 의지가 담기는 건 아니잖아. 메뉴를 직접 손으로 쓸 때에는 그만큼 '반드시 팔겠다'는 의지를 확실히 갖고 해야 해. 일부러 매일같이 시간과 수고를 들인다는 건, 손님의 마음을 울리고 상품의 판매를 높일 수 있는 말을 메뉴에 담기 위해서가 아니겠어? 그러니 그 의지가 메뉴에도 잘 담기게 해야 한단 말이지.

예를 들어, 전날 매상이 좋았다면 '어제는 꽁치가 60마리나 나갔습니다!' 같은 걸 써넣어도 좋지 않겠어? 또 직원들 식사로 주요 메뉴를 한번 내봤는데 대부분 "맛있다"고 하는 거야. 그러면 '오늘 직원들끼리 먹어보니 최고였습니다!' 같은 한마디를 넣는 거야. 간단하지만 그날그날의 이런 한마디야말로 생동감이 넘치니 손님의 눈길을 끌 수밖에 없지.

요리를 내는 방식에 있어서도 팔려고 작정하는 것과 안 하는 것은 천지차이야.

우리 가게에서는 꽁치 소금구이를 낼 때 손님 앞에서 표면을 가스버너로 살짝 구워 노릇한 자국을 만드는데, 위쪽만 하고 아래쪽은 안 해줘. 그러고는 메뉴를 내어주며 "뒤집어 드실 때 한 번 더 구워드릴 테니까 불러주세요."라고 하는 거지. 그러면 손님이 반쯤 먹었을 때 슬쩍 다가가 "역시 맛있죠?"라고 말도 붙일 수 있고, 주변 테이블에도 어필할 수가 있는 거야. 그냥 주문 받은 음식을 자리로 나르기만 하는 건 팔 생각이 없는 것과 마찬가지야.

이때 주의해야 할 것! 스태프가 몇 명 되는 가게에서 판매 능력이 좋은 직원 덕분에 가게가 잘 돌아가면, 못 파는 직원도 마치 자신에게 그런 능력이 있는 것처럼 착각할 수 있다는 거야. '팔려고 하는 의지'는 직원 한 명 한 명에게 모두 필요한 거야. 스태프 전원의 판매 능력

요리를 내는 방식에 있어서도
팔려고 작정하는 것과
안 하는 것은 천지차이야.

을 끌어올리지 못한다면, 특히 경기가 안 좋을 때는 가게 실적에 큰
영향을 미치게 된다고. 그러니 이 점에도 특별히 신경을 써야만 해.

'이거다' 하는
'가게의 얼굴'이 있다면
장수하는 가게를
만들 수 있다

어떤 때에도 살아남는 강한 가게. 그건 '흔들림 없는' 경영을 하고 있는 곳이야.

예를 들어, 아주 오래된 어묵 가게가 있다고 해. '어묵'이라는 간판 메뉴에 절대 흔들림이 없으니, 손님들은 어묵이 먹고 싶을 땐 어김없이 '거기로 가자'고 하게 되는 거지. 그래서 매상에 엄청난 피크는 없을지 모르지만 온 세상이 불경기라도 결코 망하지 않아. 이렇게 강한 '가게의 얼굴'을 가지는 것이 생명력이 긴 가게를 만들어주는 거야.

그렇다고 가게의 메뉴가 꼭 그 가게의 '얼굴'이 되는 건 아냐. 우리 같은 경우에는 철저하게 '접객'이 가게의 생명선이거든. 그래서 메뉴를 개발할 때도 '우리이기 때문에' 가능한 접객을 하기 위해 '이런 고로케를 만들자'라든가 '회를 이런 식으로 썰어서 팔자' 등으로 '접객을 하기 위한 메뉴' 위주로 만들려고 노력해.

한 예를 들어볼까? 내가 생각한 메뉴 중에 'US10 돈가스'라는 게 있어. 미국 신발 사이즈 'US10(약28cm)'에 착안한 이름인데, 삼겹살에 김치랑 치즈를 끼워서 튀겨낸 큼지막한 돈가스야. 일단 크니까 손님 중에는 '다 못 먹겠다'는 사람도 나오곤 하지. 그게 바로 이 메뉴가 노린 점이야. 남은 돈가스를 양배추나 겨자 소스랑 같이 포장해서 가져가게 하는 거지. 그러면 다음날도 그 가게를 떠올려줄 테니까.

물론 이 정도쯤은 이미 하고 있는 가게도 있을 거야. 그래서 난 여기다 얇은 빵 두 장을 서비스로 같이 넣어주지. 그렇게 하면 이것만으로도 다음날 아주 훌륭한 아침식사나 도시락이 되거든. 겨우 빵 두 장을 넣어주는 거지만, 단순히 남은 음식을 싸갈 때보다 손님들은 훨씬 기뻐해. 그리고 곧 그 가게의 팬이 되지. 이게 바로 '접객을 하기 위한 메뉴'라는 거야.

가게의 인기 메뉴가 마지막 1인분만 딱 남았을 때. 나는 먹고 싶은 손님을 모아 가위 · 바위 · 보를 시켜. 거기서 진 사람에게는 소주를 한잔 내주는 거지. "횟술 한잔, 이건 서비스에요!"라고 말하면서 말이야. 2리터에 천 엔짜리 싸구려 술이면 충분해. 그래도 손님은 좋아할 거야. 이런 걸 계속한다면

우리 가게만의 '강한 얼굴 메뉴'를 만들어. 그게 불경기를 뛰어넘는 열쇠가 될 거야.

적어도 '이웃 가게'와의 경쟁에선 반드시 이길 거라고 생각해.

'접객을 하기 위한 메뉴'에는 커다란 메리트가 있어. 그건 불경기 때도 굳이 메뉴 가격을 내리지 않아도 돼. 대신 약간의 서비스를 더하는 거지.

보통 불경기가 되면 패스트푸드점이나 대형 이자카야 등 싼 메뉴를 무기로 내세운 가게들의 '선전'이 눈에 띄어. 하지만 우리처럼 작은 가게가 어떻게 가격을 내리겠어. 가격을 안 내리고 손님들을 만족시켜주기 위해서는 메뉴에 좀 더 메리트를 더할 수 있어. '돈가스 샌드위치 서비스'처럼 말이야.

자, 좀 더 쉬운 예를 들어볼게. 우리 가게에서 하고 있는 '살얼음 위스키소다' 역시 '접객을 하기 위한 메뉴'야. 나는 꽤 예전부터 '산토리 위스키(角瓶, 거북이 등껍질 모양의 유리병에 든 위스키)'를 팔기 위해 '하이볼(위스키에 탄산수를 탄 음료)'에 주력하고 있었는데, 좀 더 강렬한 메뉴가 없을까를 고민하다 만들어낸 게 바로 이거야. 위스키를 통째로 냉동실에 넣어서 보기만 해도 시원한 살얼음이 낀 상태로 내는 거지.

그걸 병째로 그냥 내놓으면 액체 상태로 보이니까 별로 의미가 없잖아. 그래서 우리는 손님에게 병을 가지고 가서 직접 잔에다 따라줘. 탄산은 별도로 작은 유리병에 담아내서 손님 취향대로 타서 마시게

'접객을 하기 위한 메뉴'는
불경기에도 강하지.

했어. 이렇게만 했는데도 하이볼이 갑자기 엄청나게 매력적인 메뉴가 됐지.

살얼음이 낀 위스키를 이용한 하이볼은 원래 긴자에 있는 어느 바의 유명한 메뉴야. 그걸 살짝 비튼 거지. 메뉴에 그렇게 '훌륭한 유래'가 있으면 손님과 그것에 관련된 이야기를 할 수도 있어. 접객이 미숙한 아르바이트라 해도 즐겁게 대화할 수 있잖아. 한 가지 팁을 주자면 '오리지널'을 본 적이 있는 것과 없는 건 가게에서 이야기를 할 때도 완전히 달라. 그래서 난 항상 직원들에게 일단 그 바에 가서 직접 눈으로 보고 오라고 해.

다른 가게의 명물 메뉴를 참고로 한 요리가 또 하나 있어. 쇠고기를 이용한 '소 힘줄 간장조림'. 푹 삶은 소 힘줄에 반숙계란을 올린 요리인데, 이걸 갈릭 토스트에 얹어먹으면 맛이 기가 막히거든. 전통 있는 가게의 유명한 찜 요리를 살짝 변형시킨 거야.

그 가게는 40년 가까이 같은 육수를 계속 이어서 쓰고 있더라고. 그래서 우리 가게에서도 이 메뉴를 만들면서 육수역사를 쓰기 시작했지. 그리고 그날의 추천 메뉴에다 육수를 끓이기 시작한 날부터 며칠이 지났는지를 큰 글씨로 넣기로 했어. '378일 전통 육수' 이런 식으로 말이야. 이런 메뉴를 만들면 아무리 말주변이 없다 해도 손님과 이야기할 수 있는 계기를 만들 수 있지 않겠어? 이런 메뉴는 작년보다는 올해가, 올해보다는 내년이, 해마다 맛을 더해갈 수 있어서 '간판 메뉴'가 될 수 있을 거야.

이런 일 하나하나를 놓고 보면 대단해 보이지 않지만 티끌 모아 태산이라잖아. 이는 곧 손님한테 보디 블로(권투에서, 상대편의 배와 가슴 부분을 치는 일)로 시작해서, 결국에는 녹다운을 시켜 가게의 열렬한 팬으로 만들 수 있지. 그러니 불경기엔 메뉴 가격을 1~2백 엔 낮추려고 하지 말고, 손님이 '횡재했다'는 기분이 들게 만들어. 그러면 굳이 가격으로 승부하지 않더라도 손님은 반드시 다시 찾아와 줄 테니까.

작은 가게일수록 가격으로 승부하려 하지 말고, 우리 가게만의 새로운 간판메뉴를 찾아봐. 불경기 때 가격을 내리는 대신 그 메뉴에 친절한 서비스 하나를 더한다면 손님들은 반드시 다시 찾아올 거야.

불경기의 '태풍'이 얼른 지나가기만을, 아무것도 하지 않으면서 가만히 앉아 기다리는 가게가 있을지도 몰라. 그런 가게를 볼 때마다 난 '저렇게 자신이 있나?'라는 생각이 들어. 불경기일수록 계속 새로운 아이디어를 생각해내기 위해 노력해야만 해. 손님이 끊이지 않게 하려면 그 노력이 눈에 보이도록 가게를 바꿔나가지 않으면 안 되는 거야. 난 그렇게 생각해.

손님이 좋아할 만한
'객 단가'가 올라가는
메뉴를 만들어라

객 단가(Customer transaction, 고객 1인당 평균 매입액)를 올리고 싶을 때 보통 메뉴 가격을 내려서 손님에게 어필하려는 가게가 있는데 말이지. 난 절대 그렇게 하지 않아. 가격 인하는 한시적으로는 좋아도 지속적으로 팔 수 있는 방법은 아니거든.

낮춰버린 가격은 그 당시에는 "와, 싸다!" 할지 몰라도 시간이 조금만 지나면 '당연'한 게 되어버려. 그러면 손님들 눈에 더 이상 그 메뉴가 매력적으로 비치지 않지. 따라서 손님들로 하여금 '싸니까'가 아니라 '먹고 싶다!'고 생각하게 만들어야 안정적으로 팔리는 메뉴가 될 수 있는 거야.

나는 객 단가를 올리기 위해 '여성 고객의 85% 이상에게서 디저트 주문을 받자'고 노력한 적이 있어. 디저트는 표면을 살짝 그을린 푸딩이랑 아몬드 젤리를 곁들여 낸 거였는데, 한 개에 300엔이니까 디저트 주문을 한 사람 당 하나씩만 받아도 객 단가가 300엔씩 올라가는 구조지. 그때 난 기존의 디저트 구성에다 "이건 서비스예요!"라고 하면서 아이스크림을 같이 내주기로 했어. 이렇게 하면 가격은 그대론데 이득을 본 것 같은 느낌이 들거든.

여기까지만 들으면 "그게 다야?"라고 생각할지도 몰라. 하지만 여기서부터가 중요해. 아이스크림을 주방에서 그냥 디저트에 올리기만 해서는 안 돼. 그런 걸 가져가서 "서비스 드렸습니다."라고 해도 손님은 별로 이득 본 느낌을 못 받거든. 그렇게 하지 말고 말이야. 먹음직스러운 아이스크림 통을 손님 자리까지 가져가서 "서비스 드릴게요!"라며 그 자리에서 떠주는 거야. 그러면 손님의 감동은 배가 되지. 같은 내용이라도 틀림없이 크게 횡재한 듯한 느낌이 들 거야.

게다가 가령 여자 둘이 온 손님인데 한쪽만 디저트를 시켰다고 해봐. 눈앞에서 맛있는 아이스크림을 서비스로 담아주는 걸 보면 덩달아 기분이 좋아지면서 "아, 나도 그 디저트 주세요!"라고 하게 되는 거야.

'이 메뉴를 내면 손님이 어떤 반응을 보일까?', '어떤 식으로 내주면 손님들이 좋아할까?' 거기까지 이미지화를 할 수 없다면 손님의 8

할 이상이 주문할 만한 메뉴는 만들 수 없어.

디저트 이외의 메뉴도 마찬가지야. 예를 들어, 칠리새우. "특별히 많이 드렸어요."라며 처음

객 단가를 높이기 위한 방법으로 '싼 가격'을 내세우지 마. 오히려 '주문하지 않을 수 없는' 매력적인 메뉴를 만들어서 손님의 8할 이상이 그걸 먹게 만들어.

부터 양을 많이 줘선 안 돼. 서비스 받은 기분이 들지 않거든. 그러지 말고 눈앞에서 접시에다 "한 마리 덤입니다!"라며 덜어준다면 손님이 더 기뻐할 거야.

다시 디저트로 돌아가서. 디저트를 팔 때는 무엇보다 손님과의 자연스러운 대화가 중요해. 디저트를 팔 수 있을지 없을지는 '디저트가 먹고 싶어질 만한 대화를 손님과 나누었는가'에 달려 있기 때문이야. 가장 안 좋은 경우가 "이제 슬슬 디저트 어떠세요?" 같은 획일적인 판매 방식. 제발 그렇게 하지 말고 "뭐 잊어버린 거 없으세요? 역시 디저트는 꼭 먹어줘야죠!" 이런 식으로 손님한테 권해보라고. 매뉴얼이 아니라 그때그때 '살아 있는 대화'가 주문으로 이어지는 법이야.

한창 디저트로 히트를 치던 시기에 남자 손님들한테는 디저트 대신 입가심용으로 재첩 국을 팔았었어. 당시 재첩 국 한 그릇에 400엔이었는데 그릇을 작은 걸로 바꿔서 200엔으로 하고, 그걸 차 대신 남자 손님들 모두에게 권한 거야. "재첩 국이 간에 얼마나 좋은데요." 하면서 말이지. 그때 난 재첩 산지로 유명한 신지호(일본 시마네현 동북부에 있는 담수와 해수가 뒤섞여 있는 호수)에서 재료를 받았는데, 이렇게 출처가

주변을 넓게 잘 둘러봐.
그러다 보면 손님한테 어필할 수 있는
메뉴를 얼마든지 찾을 수 있어.

성공적으로 가게를 운영하고 싶다면 생활 속에서 아이디어를 얻기 위한 노력을 끊임없이 해야 해. 가만히 들여다보면 유용한 아이디어가 넘쳐나니까.

확실하고 재료에 확신이 있으니 직원들도 손님들에게 적극적으로 이걸 추천할 수 있게 되더라고. 게다가 가격도 부담이 없으니 "빠뜨리지 말고 재첩 국 꼭 드시고 가세요."란 말이 술술 나올 수밖에.

객 단가를 올리기 위해 간단한 100엔짜리 안주거리를 만든 적도 있어. 당시 빵 가장자리에 초콜릿을 코팅한 게 인기였는데, 100엔짜리 안주로 그 초콜릿 코팅 과자를 내주거나, 깍두기를 두어 조각 담아낸다든지, 생선 서더리 탕을 딱 한 입정도 제공하는 거야. 이런 안주가 있으면 술이 잘 들어가서 음료 주문도 늘어날 테니까.

메뉴 아이디어는 일상생활 속에서 얼마든지 구할 수 있다고 생각해. 가만히 들여다보면 아이디어가 넘쳐나지. 장난감 붕어빵 기계만 해도 어때. 포장마차에서 사용하는 기계로 제대로 된 붕어빵을 만들려면 무척 힘들겠지만 장난감 중에 보면 전자레인지로 간단하게 만들 수 있는 게 있거든. 그런 걸 이용해서 모양만 흉내 낸 붕어빵을 만들고, 거기다 초콜릿이나 치즈를 곁들여 낸다면 어엿한 술안주가 될 거야.

어찌됐든 주변을 넓게 잘 둘러봐. 그러다 보면 손님한테 어필할 수 있으면서 당장 내일부터라도 만들어낼 수 있는 메뉴를 얼마든지 찾아낼 수 있을 테니까.

손님에게
말을 건네는
메뉴판을
만들어라!

　우리 가게는 그날의 추천요리를 반드시 손으로 직접 메뉴판에 쓰도록 하고 있어. 단, 손님의 눈을 끄는 재미있는 메뉴판을 만들기 위해서는 '상품을 팔고 말겠다'는 진심이 없어서는 안 돼. 즉 손님한테 말을 건네는 메뉴판을 만들지 못하면 상품은 팔리지 않는다는 뜻이야. 글씨를 잘 쓰든 못 쓰든 그건 상관없어.

　가령, 오늘의 추천 메뉴에 '토마토'를 쓴다고 해봐. 이걸 왼쪽 오른쪽 어느 쪽에 쓸지, 본 메뉴 위에 쓸지 아래에 쓸지, 글씨 크기를 어떻게 할지에 따라 손님한테 어필하는 정도가 완전히 달라. 매일매일 메뉴판을 새로 쓰는 건 상품이 더 잘 팔리게 하기 위해서잖아. 그러니 그날의 추천 상품을 그냥 쭉 늘어놓기만 해서야 쓰는 의미가 없지.

그렇다고 모든 상품에 전력투구할 필요는 없어. 10개의 메뉴가 있다면 7개는 평소와 같은 방식으로 써도 돼. 하지만 나머지 3개는 '어떻게 팔까?', '어떻게 하면 판매량을 더 늘릴 수 있을까?', '어떻게 해야 더 매력적으로 보일까?'를 진지하게 생각하는 거야. 그러면 상품이 잘 팔리는 메뉴판을 만들 수 있어.

우리 가게에서 독립한 아이가 미우라 반도(도쿄 근교 카나가와현 남동부)에서 잡히는 마츠와 고등어(미우라시 마츠와 항에서 잡히는 고등어 브랜드 명)를 메뉴로 냈는데 말이야, 마츠와 고등어는 잘 알려진 분고 수도(시코쿠와 규슈 사이에 있는 수도)에서 잡히는 세키 고등어에 버금가는 고급 고등어거든. 근데 그 애가 너무 과묵한 성격인지라 마츠와 고등어가 얼마나 맛있는지, 그 차이점을 손님들한테 제대로 어필을 못하는 거야. 그런 가게일수록 재료에 들인 정성을 메뉴판이 '대신 말하게' 해주어야 하는데 말이지.

나 같으면 '세키 고등어는 이제 안녕! 이제부터는 마츠와 고등어입니다.'라고 써서 어필을 했을 거야. 그러면 '마츠와가 뭐지?'라고 생각하는 손님이 많을 테니 그걸 메뉴판으로 알려준다면 얼마나 친절하고 좋아. 당연한 일 같지만 그런 사소한 것조차 알아차리지 못하는 주인들이 의외로 많아.

메뉴판을 직접 쓰라고 하면 "난 글씨를 못 쓰는데."라는 사람들이 꼭 있어. 그래도 손님들 눈에 띄는 재미있는 메뉴판을 만드는 건 얼마든지 가능해. 예를 들어, 종이의 7할에다 메뉴를 쓰고 남은 부분은 새하얀 공백으로 남겨두는 거지. 참 신기하게도 하얀 바탕 위에 써놓은 글자가 이상하게 생기가 있어 보이거든. 여유가 있다면 도장도 하나 파서 메뉴 옆에 꾹 찍어둔다면 괜히 멋스러운 메뉴판이 될 수 있지. 연예인들의 어설픈 사인도 간단한 도장이나 일러스트만 하나 들어가도 재미가 확 살아나잖아. 그거랑 마찬가지인 거야.

메뉴 이름을 정하는 것도 정말 중요해. 사소해 보이지만 그 이름 때문에 상품이 팔릴지 안 팔릴지가 결정되거든. 가게에서 독립한 애 중에 특히 메뉴 만드는 게 참 어설픈 애가 있었어. 가게에서 와인을 팔았는데 메뉴판에다 그저 '싸고 맛있는 와인' 뭐 이렇게 쓰는 거야. 이래서야 손님들이 와인을 마시고 싶겠어?

똑같은 와인 한 잔이라도 처음부터 "값싼 와인입니다."라고 하면서 내주는 것보다 "맛있는 와인인데 열심히 노력해서 합리적인 가격에 드리고 있어요."라고 말하는 편이 손님 입장에서는 훨씬 더 마시고 싶어질 거야. 메뉴판에다 그걸 고스란히 옮겨놓는 거지. 사소한 글자 하나에서도 손님의 마음을 어디까지 깊이 파고들어 생각하고 있는지가 다 드러나. 이렇게 '손님의 마음을 상상하는 힘'은 장사에 없어서는 안 되는 능력 중 하나인 거야.

> 메뉴 이름을 정하는 게 별 것 아닌 것 같지만 판매에 엄청난 영향을 끼친다고. 손님의 마음을 깊이 헤아리며 만든 메뉴는 당연히 그들을 사로잡을 수밖에.

센스 있는 메뉴,
쉽지만 인상적인
접객을 하라

우리 가게에서 일하다 독립한 아이들 사이에도, 실력이 있는 애와 없는 애의 가게는 어떻게든 차이가 나더라고. 그래서 가게 직원들을 교육할 때 뭘 하면 좋을지, 어떻게 해야 이 아이들에게 경쟁에서 살아 남기 위한 무기를 늘려줄 수 있을지를 항상 열심히 고민해.

강한 존재감을 가진 가게 중에는 주인아저씨 캐릭터가 재미있는 곳이 많아. 내가 주의 깊게 살펴보는 가게들도 바로 그런 곳들이지. 하지만 가게 직원 모두가 캐릭터로 승부할 수 있는 건 아니잖아. 화술과 존재감으로 손님을 확확 끌어당길 수 있는 강렬한 주인이 되는 건 쉬운 일이 아니니까 말이야.

가끔 우리 가게 직원 중에는 자기편을 잔뜩 만들어놓은, 캐릭터가 확실한 점장들이 있어. 그런 점장이 독립을 하고 나면 난 그 가게의 유니폼과 메뉴를 몽땅 바꿔버리곤 해. 그런 점장이 빠지고 난 공백은 결코 아무런 '무기' 없이 간단하게 메울 수가 없기 때문이야. 유니폼과 메뉴가 달라지면 "이번 유니폼 어때요?" 혹은 "이번에 이 메뉴를 새로 시작했어요." 같은 식으로 손님과 소통을 할 수도 있고, 점장이 없어도 항상 활기차게 열심히 노력하는 가게라는 이미지를 줄 수 있거든.

하지만 요즘에는 강한 캐릭터를 갖지 않은, 어떤 직원이라도 쓸 수 있는 '무기'를 찾기 위해서 고민을 많이 하고 있어. 이를테면 손님의 눈을 사로잡을 만한 센스 있는 요리를 낸다든가, 누구나 흉내 내기 쉽지만 돋보이는 접객을 하는 가게들이 눈길이 가더라고.

최근 내 지인이 하는 초밥 집에서 오이와 붕장어 김초밥을 주문했을 때 일이야. 내 주문을 받자, 주인이 젊은 요리사에게 "김을 바삭바삭하게 구워줘!"라고 말하더라고. 나도 모르게 '우리 애들한테 필요한 건 바로 이거야!'라고 중얼거렸어. 초밥용 김을 바삭바삭하게 굽는 건 초밥 집에서 지극히 당연한 일이잖아. 젊은 요리사 입장에선 굳이 주인이 그렇게 말하지 않아도 바삭바삭하게 구워냈을 거야. 하지만 주인이 그걸 일부러 말하느냐 안 하느냐에 따라 손님한테 전해지는 인상은 하늘과 땅만큼 차이가 나. 겨우 말 한마디 했을 뿐인데, 김을 먹었을 때의 바삭거리는 식감과 갓 구워낸 향기 같은 게 상상돼서 앞으로 나올 초밥이 굉장히 맛있을 것처럼 느껴지는 거야.

'손님이 더욱더 맛있게 마시고 먹어줬으면 좋겠다.' 그걸 위해서 주방에서 차갑게 얼린 잔에 맥주를 따르고, 찐 요리를 뜨거울 때 내는 거야. 그런데 이때 이자카야라면 당연한 이런 서비스들을 굳이 말로 해서 입 밖으로 하는 거야. "맥주는 주방에다 시원하게 얼려놨어요!" 같은 식으로 말이지. 그것만으로도 가게의 가치가 한층 높아질 게 틀림없다고. 개성으로 승부하기 힘든 사람이라도 이런 거라면 할 수 있을 거라고 봐.

한편, '요리 센스가 좋다'고 생각하게 만들려면 어떻게 해야 할까?

우리 가게 애들은 오랫동안 수련을 쌓은 전문 요리사가 아니니까, 레스토랑 셰프 같은 기술은 없어. 하지만 옆 테이블에 나온 요리를 보고 손님이 '저거 먹고 싶다!'고 생각하게 만드는 요리는 할 수 있지. 센스가 좋은 요리라는 건 그렇게 손님을 두근거리게 하는 매력을 가진 요리를 말하는 거야.

일본에는 싼 두부에다 파와 생강을 약간 올리기만 한 냉두부를 파는 가게가 산더미만큼 있어. 아무리 가격이 싸더라도 그게 옆자리에 나온 걸 본다면 "저거 먹고 싶어!"라는 생각이 들진 않은 거야. 오히려 뻔한 내용에 실망만 할 뿐이지. 그러니 설령 싼 두부로 만든 흔한 냉두부를 판다 하더라도 좀 센스 있게 내놓을 수 있단 이야기야. 가령 두부를 스푼으로 떠서 몇 층이나 되게 쌓아올린 다음 층 사이에 가다랑어 포와 생강을 끼워 넣는 거야. 그리고 끝으로 맨 위에다 파를 송송 썰어서 토핑. 그러면 얼마나 재미있겠어? 뻔한 냉두부와는 비교가 안 되겠지.

너무 많이 익어서 흐물흐물해진 토마토는 어떻게 할 거야. 샐러드로도 낼 수 없게 됐으니 아이디어를 내야겠지. 이것도 잘만 생각하면 아주 매력적으로 보일 수 있어. "정말 잘 익어서 시지도 않고 달달하네요."라며 손님 보는 앞에서 믹서에 갈아 토마토주스를 소주에 섞어주면(일본에서는 이렇게 먹는 것을 좋아한다 — 편집자주) 오히려 '농익은' 것이 PR 포인트가 될 수 있잖아. 옆 테이블에 앉은 사람이 "나도 그거 줘요!"라 하고 싶어질 만한 상품이 되는 거지.

손님이 음식점에 오는 건 즐기기 위해서야. 즐길 수 없는 가게는 편의점이나 자동판매기에서 물건을 사는 것과 뭐가 다르겠어. 지금 있는 가게에서 계속 먹고 싶어지는 그런 요리가 줄줄이 나오고 분위기도 좋다면 손님은 이웃 가게 따위는 생각지도 않아. 그러니 실은 주변에 어떤 경쟁 식당이 있든 상관없는 거야. 요즘은 그런 기본적인 걸 잊어버린 가게가 많다는 생각이 들어. 그리고 '저거 먹고 싶어!'라는 생각이 드는 메뉴를 혼자 만드는 건 쉽지 않아. 이리저리 머리를 굴려도 한계가 있지. 그러니 다

백화점에 나와 있는 엄선된 상품들은 엄청난 도움이 될 거야. 그것들을 최대한 활용해보라고.

다양한 가게를 연구해서
훔칠 수 있는 기술은 훔쳐야 해.

양한 가게를 연구해서 훔칠 수 있는 기술은 훔쳐야 해.

가장 가까운 아이디어의 보고는 백화점 지하 식품 매장이야. 인기 있는 반찬 체인들이 어떻게 만들어졌는지 알잖아. 그들은 셀 수 없을 정도의 상품 기획안을 내놓고 그중에서도 엄선된 하나를 가게 앞에 내놓는 거라고. 그것도 여성들이 사고 싶게끔 포장된 형태로 말이야. 백화점 식품 매장을 이용하는 젊은 여성들은 우리 가게 직원들이 내려고 하는 가게의 타깃과 많이 겹치니까 반드시 이를 연구할 필요가 있어.

백화점 식품 매장은 메뉴 이름만 해도 '아이디어의 보고'야. 산더미 같은 후보들 중에서 승리한 것이 가게에 버젓이 나와 있는 것일 테니까. 한 해에도 몇 번씩 상품이 바뀌고 그것들은 계절 트렌드와 유행을 확실히 반영하고 있어. 그러니 진열된 상품을 보고 다니기만 해도 굉장한 도움이 돼. 유난히 눈길이 가는 상품이 있다면 몇 가지 사와서 자기 가게에서 '분해'를 해봤으면 해. 안에 들어간 다양한 재료들을 어떻게 사용했는지를 얼마든지 배울 수 있을 테니까.

가장 좋은 방법은 다른 가게에서 '이거다' 싶은 메뉴가 있다면 곧바로 직접 만들어보는 거야. 기억이 선명할 때 만들면 틀림없이 좋은 게 완성될 거야. 실제로 만들어보면 우리 가게에서는 요걸 이렇게 응용해보면 좋겠다, 요렇게 바꾸어보면 좋겠다, 등의 자기 나름의 아이디어도 나오게 될 테니까.

お客さんを喜ばせるのは簡単だ

Part 4
손님을 기쁘게 하는 방법은 간단하다
한 번 온 손님은 누구나 반해버리는 접객 비법

말주변이 없어도
문제없는
간단한 접객 토크 요령

독립을 목표로 우리 가게에 오는 아이들 중에는 손님들과 제대로 말 한마디 못하는 애들도 잔뜩 있어. 그렇다고 그들을 바로 내치진 않아. 나 역시 처음에는 손님들과 눈 한번 제대로 마주치지 못했으니까. 그뿐인지 알아? 가게에서 함께 일하던 한 선배는 내게 "너 표정이 너무 무서워."라고까지 말했으니. 심각성을 느낀 나는 화장실 거울 앞에서 혼자 '씨익' 웃는 표정을 지으며 밝은 얼굴을 만드는 연습을 하곤 했지.

독립해서 내 가게를 가졌는데도 곧바로 손님들과 대화를 할 수 있었던 건 아니야. 제일 처음 열었던 가게는 퇴근길에 혼자서 훌쩍 찾아오는 손님이 꽤 많았는데, 카운터 자리만 있는 가게라서 항상 손님들과 마주봐야 했거든. 도망칠 곳도 없었어. 잔뜩 긴장해서는 무슨 말이라도 해야지 싶어서 "이 근처에 사세요?"라든가, 손님이 위스키를 주문하면 "위스키 자주 드세요?"라며 서먹하고 어색하게 묻곤 했지. 그래서 생각했던 게 요리 이름을 독특하게 만들어보자는 거였어. 얘기를 능숙하게 하기 힘드니까 요리 이름이라도 재미있게 붙이면 손님이 "이건 뭐예요?"라고 물어볼 거라 생각한 거지. 그러면 나도 거기에 열심히 대답하고 말이야. 꽤 효과가 있었던 것 같아.

> 가게에 놓을 작은 소재 하나라도 '이걸로 손님과 어떤 이야기를 나눌까?'를 이미지화한다면 반은 성공한 거야.

요즘은 실내 장식에 쓸 잡화나 식기를 보러 다닐 때도 이것저것 살펴보며 손님과의 대화를 떠올려보곤 해. 어떤 조명을 달까, 어떤 컵을 쓸까, 보통 가게를 만들 때는 이것만을 생각하잖아. 그때 '이게 좋겠다'고 고르는 동시에 '이걸로 손님과 어떤 이야기를 할 수 있을까'를 생각한다면 그건 자신만의 영업 소재가 되는 거야. 스스로 이미지를 떠올리는 것만 가능하다면 가게 안에 있는 건 무엇이든 자유자재로 손님과의 대화 소재로 삼을 수 있어.

우리 가게에 손님하고 아예 얘기를 못하는 애가 있었어. 네모난 안경을 쓰고 다녔는데 인상도 너무 딱딱해 보여서 "내가 돈 줄 테니 안경부터 새로 사서 쓰고 와!"라며 강제로 동그란 프레임에 애교스런 안경으로 바꾸게 했어. 안경을 바꾼다고 해서 바로 접객을 잘하게 되는 건 아니지만, 그것을 계기로 나름대로 여러 생각을 했겠지.

그러던 어느 날 그 애가 일하던 가게에 한 손님이 와서 소주를 주문하더라고. 손님이 소주를 그냥 마시려고 하자 그 애가 "잠깐만 기다려주세요." 하는 거야. 그러더니 테이블 위에 소주병을 '쿵!' 하고 놓더니 "이건 이름에 '신神'이 들어간 술이니까 '신단'에 합장하고 나서 마시도록 하죠!"라고 말하는 거야.

술을 마시기 전에 가게 사람과 같이 합장을 하면 손님도 즐거워지고 가게 이미지도 독특해서 손님들이 확 끌리게 돼 있거든. 술 이름 하나로 이런 말도 할 수 있게 됐구나, 싶어서 어찌나 기쁘던지. 그 아이는 지금 독립해서 가게 여러 개를 성공적으로 운영하고 있어.

손님과 커뮤니케이션을 할 때, 이야기 내용은 대수롭지 않은 걸로도 충분해. 아주 사소한 것만으로도 훌륭하게 대화를 끌어낼 수 있다고. 손님이 '닭 날개 튀김'을 시켰다고 해봐. "오른쪽 날개가 좋으세요, 아니면 왼쪽?" 이런 말만 한마디 건네도 분위기가 확 밝아지잖아. 사소한 거라도 좋으니 메뉴와 관련된 걸 이야깃거리로 삼아도 좋을 거야.

지인 가게에서 독립한 직원의 가게 중에 수타 우동을 파는 곳이 있어. 거긴 파 양념장에 굉장히 신경을 쓰고 있어서 재료들도 무척 좋은 것들을 사용하지. 그래서 주인은 항상 "우리 집 파는 ○○에서 직접

이건 백엔숍에서 산 빨래 건조대에
주방 기구를 걸어서 만든 싸구려 조명인데,
이런 조명이 가게에 있으면
"아, 이거 포크네!"라고 손님이 말하면
"이쪽에 수세미도 있어요."라고 대꾸하게 되고,
그러면 가게가 무척 활기를 띠게 돼.

메뉴를 소재로 손님들과 자연스럽게
이야기를 끌어내는 것도 정말 좋은
방법 중 하나야.

재배한 거라 정말 신선하고 맛있어요."라며 손님
에게 기쁜 듯이 얘기하곤 해. 기껏해야 파 한 뿌
리지만 자기가 이렇게도 정성을 들이고 있다는 게 손님에게도 전해지
는 거야. 그런 이야기를 들으면 맛도 한층 더 배가되겠지.

또 한 가지 추천하고 싶은 건, 뭐라도 좋으니 취미를 가지라는 거
야. 음악도 좋고 서핑도 좋고 뜨개질도 좋아. 일과는 별개로 집중할
수 있는 걸 찾아냈으면 해. 서핑이 취미라면 파도를 타는 자기 모습을
가게 인테리어로 사용하면 손님과 이야기할 거리를 만들 수 있어. "이
건 쇼난에서 찍은 사진이에요." 하면서. 또 "이거 지난여름에 갔을 때
사온 거예요."라며 쇼난 명물인 뱅어를 내놓을 수도 있겠지. 손님은
'여기 점장은 인생을 참 즐기며 사는구나.' 생각할 거야. 그런 가게에
서 먹고 마시면 손님도 즐거워지지 않겠어?

이때 주의해야 할 것은 '손님'과의 관계를 넘어 드나드는 업자들,
아르바이트생들과도 좋은 관계를 만들도록 노력해야 한다는 거야. 자
기 외에는 모두 손님이 될 가능성이 있으니까.

학생 때 채소가게 아르바이트를 한 적이 있는데, 하루는 유명한 튀
김 집에 배달을 갔었어. 배달을 시작한 지 얼마 안 됐던 때라 "배달 왔
습니다!" 하면서 정문으로 들어갔더니 갑자기 주인이 "이 자식이!" 하
면서 버럭 화를 내는 거야. 거래처 업자들은 뒷문으로 돌아서 오는 거

라고 엄청나게 서슬 퍼런 얼굴로 말이야. 그때 나는 '야, 이 사람은 장사를 잘 모르는구나.' 생각했어.

> 장사는 다양한 사람들과의 관계 위에서 성립된다는 걸 잊어선 안 될 거야!

똑같이 "이 자식이!"라 했어도 그 다음에 차라도 한잔 내주며 "다음엔 좀 조심해줘요." 했다면 나는 그 가게를 좋아하게 됐을 거야. 사회인이 되면 그 가게 손님이 됐을 수도 있겠지. 그 튀김 집 사장은 장사하는 사람의 기본이 안 되어 있는 것 같았어. '이런 사람이 할 정도면 나도 음식점 할 수 있겠다.'라고 자신을 갖게 된 사건이기도 했지.

아르바이트생도 마찬가지야. 나에겐 직원이지만 다른 데서는 손님이 될 수 있다고 생각해. 그래서 가게에서 밥을 줄 때도 반드시 맛있는 걸 내주곤 해.

장사는 다양한 사람들과의 관계 위에서 성립되는 거야. 한쪽 방향만 보고 있어서야 모든 손님을 즐겁게 만드는 좋은 가게를 만들 수 없다고.

가장 먼저,
손님의 이름을
외울 것

시대를 막론하고, 내가 접객에서 가장 중요하다고 생각하는 게 있어. 바로 '가게에 오는 손님의 이름을 한 사람 한 사람 다 외우는 일'이야. 이건 접객의 기본 중의 기본이지. 간단하면서도 손님의 마음을 가장 잘 휘어잡는 방법인 동시에 매상과도 연결되는 길이야.

생각을 해봐. 손님이 음료를 주문했을 때 "1번 테이블에 맥주 한 잔 부탁해요!"라고 주방에 소리치는 것과 "스즈키 씨한테 맥주 한 잔 부탁해요!"라며 이름을 불러주는 건 완전히 다르잖아. 이름으로 불리는 게 분명 훨씬 더 즐거울 거야. 손님이 바로 가고 싶어지는 그런 가게지.

바 같은 데는 특히 중요해. 손님이 모처럼 맡겨둔 술을 마시러 갔는데 카운터에 앉자마자 처음 온 손님마냥 "뭘로 하시겠습니까?"라고 하면 딱 싫어지잖아. 이름 정도는 기억해줘야지. 아무리 정중하게 응대하더라도 그런 데는 마담이 "스즈키 씨, 술 지난번에 다 먹었네?"라며 제대로 이름을 부르고 기억해주는 가게한테는 절대 못 이겨.

대형 체인점에서도 점원들이 시원시원하게 일하면서 공손하게 응대는 해주잖아. 하지만 그건 손님과 '관계를 만들자'고 하는 접객이 아니야. 그런 데서 손님 이름까지 외우는 거 봤어? 그렇기 때문에 이름을 외우는 접객은 작은 가게만의 커다란 무기인 거지.

실제로 손님 이름을 외우는 게 매상과 직결된 예도 있어.

우리 가게 점장 중에 아무리 해도 손님 이름을 못 외우겠다는 애가 있었어. 어떡하면 좋을까…… 곰곰 생각하다가 이런 방법을 생각해냈지. 카운터 뒤쪽, 손님 쪽에서는 보이지 않는 장소에 테이블 번호표를 놓은 다음 앉아 있는 손님들 이름을 모두 써넣은 거야. 그리고 모든 스태프들이 손님들의 이름을 부르게 했어. 그랬더니 세상에 두 달 만에 월 매출이 150만 엔이나 오른 거야! 그것도 아주 불경기 때였는데 말이지.

단순히 이름 하나 기억해서 불러주었을 뿐인데, 그들이 얼마나 기뻐하는지 알 만하지 않아? 특히 경기가 좋지 않을 때에는 일 때문에 맘고생이 심할 거 아냐. 음식점에서라도 따뜻한 대접을 받고 싶어 할 거라고. 자기를 기억해주고

손님의 이름을 외우는 건 접객의 기본 중 기본이자, 작은 가게가 대형 체인을 이길 수 있는 비법이라고.

메뉴가 팔리기 위해서는
'리듬'이 필요해.
이름을 기억하거나 알려주는 것만으로도
손님과의 사이에 관계가 생겨나고,
이것은 곧 '리듬'으로 이어져.

즐거운 기분이 들게 해주는 가게가 있다면 비록 주머니가 좀 가볍더라도 가고 싶다는 생각을 하게 될 수밖에.

사람 이름 외우는 게 유독 서툴고 힘들더라도 하려고만 들면 방법은 얼마든지 있어. 도저히 얼굴을 기억할 수 없다면 '빨간 스웨터 입은 여자는 ○○씨', '브라운 재킷은 ○○씨' 이런 식으로 옷차림으로 외우는 것도 괜찮겠지. "틀리는 게 무서워서 부르질 못하겠어요."라는 사람도 있지만 난 "틀리더라도 일단 불러."라고 말해. 만약 틀렸다면 사과하면 되고, 그 다음에 제대로 이름을 불러준다면 충분히 만회할 수 있으니까.

또 하나, 소중히 간직해야 할 접객의 기본이 있어. 그건 '상대방이 자신의 이름을 기억하게' 하는 거야.

우리 가게에서는 다들 자신의 닉네임을 쓴 커다란 이름표를 달게 하는데, 보기 흉하다며 이름표를 달지 않는 가게도 있었어. 애초에 '왜 그런 이름표를 달았는지'를 잊어버린 거지.

이름표를 다는 이유는 간단해. 가장 큰 이유는 '손님이 자신의 이름을 기억하기 쉽게' 만들기 위해서야. 자신의 이름을 기억해준다면 손님과 '사람과 사람'의 관계를 만들 수 있잖아. 맥주를 주문한 손님의 이름을 주방에 불러주는 것과 마찬가지로, 주문을 받을 때도 손님은 단순히 "맥주 한 잔 더!"

장사를 할 때 손님이 내 이름을 기억해주게 하는 것, 그것도 정말 중요한 접객 중의 하나야!

가 아니라 "미요 씨, 맥주!" 이런 식으로 주문을 해줄 거 아냐. 그런 관계가 생겨나면 "지금부터 고기 조림을 딱 5인 분만 더 만들 거예요. 드시고 싶은 분, 손드세요!"와 같은 판촉을 할 때 굉장히 팔기가 쉬워져. 그때 손님에게 "어떠세요, 한번 드셔보시겠어요?"라고 살짝 말만 걸어도 "미요 씨가 권해주는 거라면 한번 먹어볼까?"로 바로 이어지기 때문이지.

메뉴가 팔리기 위해서는 '리듬'이 필요해. 이름을 기억하거나 알려주는 것만으로도 손님과의 사이에 관계가 생겨나고, 이것은 곧 '리듬'으로 이어져. 개중에는 '나는 손님들과 얘기하는 걸 잘 못해서 이름을 외워도 접객에 활용을 할 수가 없다'고 말하는 사람이 있어. 하지만 손님의 이름을 기억하거나 내 이름을 기억하게 만드는 건 '이야기를 잘하고 못하고'와는 별개의 것이야.

얘기를 잘하라고 하는 게 아니야. 무조건 술술 얘기 잘하는 사람들만 음식점을 하는 게 아니잖아. 누구에게나 이야기를 잘 꺼내고 이어가는 건 사실 재능에 가까워서 아무나 다 할 수 있는 건 아니거든. 그러니 손님한테 좋은 접객을 하기 위해서는 반드시 이야기를 잘해야 하는 건 아니야. 그저 손님에게 "다나카 씨, 전어 새로 들어왔어요."라고 해준다면 그것만으로도 기분이 좋잖아. 그러면 손님은 "괜찮네. 하나 줘 봐요."라고 하겠지. 어려운 화술 같은 건 하나도 필요 없는 거야.

키노시타 토키치로˙의
'짚신 이야기˸'가
전해 내려오는 이유

'작은 가게는 손님의 마음을 확실하게 붙들어두지 않으면 대형 체인에 지고 만다.'

대부분의 작은 가게들이 이런 불안을 안고 있어. 하지만 손님의 마음을 붙드는 건 또 너무 어렵다고들 하지. 접객이란 한마디로 '상대를 즐겁게 만드는' 일이야. 이것만으로도 충분해.

하지만 이 간단한 걸 잘 못하지. 가게에 손님이 들어왔을 때 자신의 가게는 어떤 식으로 "어서 오세요."를 말하고 있을까? 이거 하나만

˙도요토미 히데요시의 개명 전 이름.
˸오다 노부나가의 시종이었던 도요토미 히데요시가 추운 겨울 주인의 짚신을 가슴에 품어 따뜻하게 만들어준 일을 계기로 출셋길이 열리게 되었다는 이야기.

봐도 답이 나와. 그저 목소리만 크게 내면서 "어서 오세요!"라고 말한다고 해서 잘하고 있다고 느끼고 있는 건 아닐까? 이걸로는 손님의 마음을 사로잡을 수 없어.

어제의 '어서 오세요'와 오늘의 '어서 오세요'는 완전히 다른 거잖아. 비가 억수같이 내리는 날이라면 '이런 비를 뚫고 여기까지 와줘서 고마워요'의 의미가 담긴 '어서 오세요'가 될 거 아니야. 그날의 날씨나 손님의 상황을 생각하는 것만으로도 말에 담기는 마음이 바뀌는 거야.

작은 일이지만 그것이 쌓이고 쌓이면 대형 체인에서 하는 '매뉴얼 접객'하고는 큰 차별성이 생기게 돼. 스타트 라인에서는 각도가 기껏해야 1도밖에 차이가 안 나는 방향으로 향하고 있더라도, 몇 백 미터 앞에서는 걸어가는 길이 좌우로 크게 나뉘는 거나 마찬가지지.

손님의 마음을 사로잡는 데 특별한 노하우는 필요 없어. 우선 원점으로 돌아가 자신이 정말 마음에서 우러나서 "어서 오세요."를 하고 있는지 어떤지를 매일같이 자문해보는 거야. '어떻게 하면 손님이 기뻐할까?' 이건 정말 단순한 일이야. 연인에게 선물을 보낼 때 우린 항상 생각하지. '내가 어떻게 해야 내 연인이 행복해할까?' 그거랑 똑같은 거라고. 접객은 테크닉이 아니야. 상대가 얼마나 기뻐할지, 그걸 생각하고 있느냐가 관건인 거지.

그리고 나는 '접객에 소질이 있다, 없다'는 판단은 섣불리 하지 않

아. 지금까지 우리 가게에서 일을 배운 많은 아이들을 봐왔지만 '이 녀석 괜찮을까?' 싶던 애가 훌륭하게 성장하고 독립해서 가게를 잘 꾸려가는 경우도 많았거든. 다만 확실하게 말할 수 있는 건 자기 가게를 가지려고 생각한 이상, 연인의 행복한 얼굴을 보고 싶은 것과 마찬가지로 손님의 웃는 얼굴이 보고 싶다고 진심으로 생각하라는 것. 그런 마음이 없으면 절대 성공할 수 없을 테니까 말이야.

아주 작은 것 때문에 손님의 웃음을 잃게 만들고 결국 손님을 놓치는 가게들도 많아. 예를 들어, 오전 11시 반에 들어간 이제 막 문을 연 카레가게인데 테이블 위에 놓인 반찬이 너무 조금밖에 안 되는 거야. 이건 이미 그른 거야. 그걸 보고 손님이 웃을 리가 없잖아. "반찬은 충분하세요?" 이렇게 간단한 한마디라도 덧붙여준다면 손님의 마음이 훨씬 좋아질 텐데, 그렇게 하지 않는 가게가 수두룩하다고.

키노시타 토키치로, 나중에 이름을 바꿔 도요토미 히데요시가 되었지. 그의 '짚신 이야기'는 지금도 유명한 일화로 전해 내려오고 있어. 오다 노부나가의 짚신지기였던 도요토미 히데요시가 자기 품으로 차가운 짚신을 데워 노부나가의 환심을 샀다는 이야기야. 바꿔 말하면 그런 사소한 일이라도 눈치껏 알아채고 정성을 들일 수 있다면 상대방의 마음을 확실하게 붙잡을 수 있다는 거지.

작은 가게일수록 사소한 것 하나에 신경을 써야 해. 간단한 말 한 마디, 소소한 행동 하나가 손님을 감동하게 한다니까.

이자카야에서는 어떻게 하면 되냐고? 예를 들어, 야키소바 주문이 3인분 들어왔는데, 주문한 손님 중 한 명이 단골이고 표고버섯을 싫어한다는 걸 기억하고 있다고 해봐. 그럼 이건 바로 사람들의 마음을 사로잡을 수 있는 찬스! 요리를 낼 때 "1인분은 표고버섯을 빼고 드렸어요."라고 한다면 그 손님이 얼마나 기쁘겠어. 이걸 '귀찮다'고 생각하는지 큰 힘이 들지 않는 '찬스'라고 생각하는지에 따라 가게의 미래가 크게 달라져. 그 손님은 반드시 다음 고객으로 연결될 테니까 말이야.

흔히 '손님의 입장이 되어서 생각하라'고들 하잖아. 하지만 '손님의 입장'에서 생각하기 때문에 더 잘 모르는 거야. '손님'이 아니라 '나'여야지. 어떤 가게라면 내가 즐거울까? 그걸 생각하면 자연스럽게 좋은 가게를 만들 수 있게 된다고.

교토의 어느 유명한 만담가에게 한 기자가 "공연을 하실 때는 객석의 어디쯤을 보고 계신가요?"라고 질문을 했대. 그러자 그 만담가가 "무슨 소리를 하는 거야. '내'가 객석에 앉아 있는데."라고 답했다는 얘기가 있어. 가게도 마찬가지야. 카운터 안쪽에 있더라도 항상 내 의식을 객석에 두고 내 행동이나 말들이 어떻게 보일지, 이 가게에 있어서 즐거울지를 생각해보면 돼.

접객을 한다고 해서 항상 손님 곁에 있어야 손님 입장에서 보는 게 아니라 손님 이 된 내 입장에서 나를 보는 것! 이 게 포인트야.
하는 건 아니야. 가게 어디에 있든 상대를 웃게
만들 방법은 많거든. 카운터 너무 안쪽에 앉아 있어서 멀리 앉은 손님
에게 말을 걸기 힘들다면, 서빙 담당한테 "음식이 맛있는지 물어보고
와."라고 부탁해도 돼. 손님이 이쪽을 향해 "맛있어요!"라고 해준다
면 손으로 브이 자를 만들어 보이는 거야. 이것만으로도 손님과의 거
리를 단숨에 좁힐 수 있어.

예전에 했던 작은 가게에서 단골인 여자애가 음식을 다 먹고 나가
려고 입구 문에 손을 걸치는데, 내가 "미치코 씨!" 하고 이름을 부르
며 갖고 있던 귤 하나를 카운터에서 휙 던진 적이 있어. 여자애가 그
걸 탁 받아내니까 가게에 있던 모든 손님들이 "나이스 캐치!"라며 박
수를 치는 바람에 웃음바다가 됐지. 귤 하나로 가게가 하나가 된 거
야. 여자애도 기뻐 보였어. 바빠서 입구까지 일부러 배웅을 나가지 못
하더라도 손님을 기쁘게 할 수 있는 방법은 얼마든지 있어.

요식업은 '100엔짜리 토마토가 300엔이 되는 장사'라고 제일 처음
에 말했지만, 그 차액인 200엔은 우리들의 '마음'인 거야. 그러니 손
님도 세 배나 더하는 토마토를 비싸다고 생각하지 않는 거야. 손님이
미소 짓게 되는 가게를 하는 것. 그래서 자기 자신도 행복해지는 것.
이것이 바로 요식업이 아닐까.

좋은 접객 하나만으로도 손님이 '횡재'했다는 느낌이 들게 한다

우리처럼 작은 이자카야는 재료를 대량으로 사들여서 가격을 낮추어 파는 그런 장사는 할 수가 없어. 가격으로 승부하려 했다면 애초에 이길 생각을 말아야지. 그러니 우리 가게가 오래도록 살아남기 위한 방법은 역시 '사람의 체온'밖에 없다고 생각해.

손님이 가격으로 횡재한 것처럼 느끼도록 하려면 단순히 메뉴 가격을 낮추어야 한다, 그런 생각은 틀렸어. 손님과 따뜻함이 느껴지는 대화를 주고받으면서 손님에게 득이 되는 서비스를 하는 것. 이편이 훨씬 더 손님의 마음을 사로잡는 효과가 있어. 이건 대형 체인이든 작은 가게든 마찬가지일 거야.

한번은 이런 일이 있었지.

어떤 대형 이자카야 체인점에 갔을 때 일인데, 산토리 위스키를 마시다가 한 병 더 추가 주문을 했더니 다 떨어지고 없다는 거야. 아쉬워하고 있는데 진짜 평범한 아저씨 같이 생긴 점장이 오더니 "잭 다니엘은 있어요. 그것도 괜찮으시다면, 재고가 다 떨어진 건 저희 잘못이니까 산토리 위스키랑 같은 가격에 드리죠."라고 싱글싱글 웃는 얼굴로 말하는 거야. 가격은 잭 다니엘이 1천 엔 정도 더 비쌌을 거야, 아마. 이런 서비스를 시원하게 해준다면 원하는 걸 못 마셔도 기분 나쁘지 않고, 횡재했다는 생각이 들면서 '좋은 가게'라고 생각하게 되잖아. 게다가 이걸로 손님이 다시 가게를 찾아준다면 가게 입장에서도 1천 엔 정도의 가격차 같은 건 싸게 먹히는 거지.

집 근처 대형 슈퍼 맨 위층에 있는 돈가스 체인점도 굉장해. 내 아이가 어렸을 때부터 같이 다니던 곳인데 느낌이 좋은 아주머니가 일하는 곳이지. 그녀는 항상 손님을 자주 살피면서 "어머, 양배추가 없네. 더 줄까?" 이런 식으로 아이한테 물어봐. 마치 엄마가 물어보는 것처럼 말이야. 참 따뜻하지. 된장국도 얼마든지 그냥 줘. 그런데 하루는 그 체인의 다른 지점에 가게 됐는데, 된장국을 더 달라고 했더니 주인장이 무뚝뚝한 태도로 와서 "추가 요금 있어요."라고 하는 거야. 그랬더니 아직 어린 딸아이가 하는 말이 "여기는 만날 가던 데랑 맛이 달라, 아빠!".

똑같은 체인인데 맛이 그렇게 다를 리가 있겠어. 하지만 엄마처럼 따뜻한 아주머니가 있느냐 없느냐에 따라 맛도 다르게 느껴졌던 거지.

접객이란 바로 그런 거라고.

'한가하다'는 말은
입에 담지도 마라

어떤 때라도 경영자나 점장이 절대 입에 담아선 안 되는 건 '한가하다'는 말, 바로 이 한마디야. 이건 친구끼리라도 말해선 안 돼. 가령 갓 독립한 직원 가게에 우리 가게 애들을 데리고 견학을 가보려 한다고 쳐. 그때 우리 아이들이 "가게는 좀 어때?" 하고 물었는데 "너무 한가해서……."라고 한다면 안 가 봐도 되겠다, 싶은 생각이 들겠지. 엄청나게 붐벼야 한다는 의미가 아니야. 똑같이 한가하더라도 "아직은 좀 여유가 있어서 제대로 대접해드릴 수 있는 좋은 기회네요."라고 말할 수 있어야 한다는 거야. 그런 식으로 말할 수 있는 주인의 가게라면 '한번 가보자'는 생각이 들지. 손님이 한 손으로 셀 정도밖에 없다 하더라도 "단골이 몇몇 생겼는데 정말 좋은 분들이에요."라고 말할 수 있다면 그 가게는 정말 한번 보러 가보자 싶어.

무슨 말이냐면, 자신의 가게를 찾아와준 손님을 '어떻게 생각할 수 있느냐'가 중요하다는 거야. 단 한명의 손님을 받는다 하더라도 그에게 감사하고 정성을 다한다면 절대 '한가할' 리가 없지 않겠어? 갓 개업한 게 아니라 해도 '한가하다'는 말은 절대 금기야. 아르바이트생이 있다 치고, 주인이 '한가하다'고 하면 그 애도 밖에 나가서 '우리 가게 무지 한가해' 같은 소리를 하고 다니지 않겠어? 반대로 손님이 별로 없어도 씩씩하게 대접한다면 '우리 가게는 엄청 활기차'라고 말하지 않겠냐고. 굉장한 입소문이 되는 거지.

실제로 나도 처음 가게를 시작했을 무렵 손님이 안 와서 한가할 때가 있었어. 하지만 그저 한가롭다는 듯 앉아 있으면 어떤 손님도 그런 가게는 들어가지 않을 거야. 그래서 난 그때 손님이 들어올 것 같은 기척이 느껴지면 일부러 그전에 있던 손님들의 더러워진 접시를 테이블에 쭉 늘어놓고, "딱 맞춰 잘 오셨어요. 지금 막 손님들이 나가던 참이라……." 같은 짓도 했지. 극단적인 얘기지만 "어제는 손님이 너무 많아서 앉을 자리도 없었어요." 같은 거짓말을 한다 해도, 찾아와준 손님을 잘 대접하기만 하면 폐를 끼치는 게 아니니까 용서될 거짓말이라고 생각해. 가게를 좋게 보이려고 하는 노력은 그 자체만으로도 가게에 활기를 불어넣는 힘이 되니까.

'한가하다'는 건 무조건 마이너스가 되는 말이야. 손님을 즐겁게 만드는 가게에 쓸 말이 아냐. 손님을 웃게 만들려면 어떻게 하면 좋을까.

'한가하다'는 건 무조건 마이너스가 되는 말이야. 손님을 즐겁게 해줄 궁리를 하는 가게에서는 절대 써선 안 될 말이지.

그걸 생각하는 게 우리 일이라면 차마 입에 담을 수 없는 말인 거지. 단 한 명의 손님이 찾아왔다 해도 결코 한가할 수가 없어. 100명이 들어가는 가게에 10명밖에 손님이 없다면 그건 분명 한가한 거겠지만, 10명, 15명밖에 들어갈 수 없는 가게에서 한 명의 손님이 지니는 의미는 완전히 다른 거야. 굉장히 기쁜 일이란 말이지. 있는 힘껏 손님을 어떻게 즐겁게 만들지를 생각한다면 한가하다는 생각이 들 수가 없어.

시간이 있을 때는 '어떻게 하면 메뉴가 잘 팔릴까'라든가 '어떤 일을 하면 손님이 기뻐해줄까'를 열심히 생각해. 그리고 그 아이디어를 손님이 올 때마다 계속해서 시험해보는 거야.

예를 들어, 우리 가게 중 하나가 단가가 꽤 나가는 모둠회를 파는 데 주력하고 있었어. 모둠회라는 게 식사를 하다 보면 보통 몇 점씩 손을 대지 않은 채 접시에 남아 있곤 하잖아. 그래서 이 '남은 회'를 맛있게 먹게 하기 위해 밥에다 김을 말기만 한 김초밥을 만들어봤어. 이거랑 고추냉이에 간장을 살짝 뿌린 작은 접시를 같이 가져가서는, "남은 회를 여기 올려서 드셔보세요. 맛있어요."라며 손님에게 내준

이런 아이디어는 말이야,
말도 못하게 한가할 때,
오직 그때만 떠올릴 수 있는 거야.

거지. 남아서 버리려고 했던 회가 맛있는 음식이
된 거니까 손님들은 대단히 기뻐했어.

이런 아이디어는 말이야, 가게가 궤도에 오른 후에는 절대 생각해
낼 수 없는 거라고. 말도 못하게 한가할 때, 오직 그때만 떠올릴 수 있
는 거야. 물론 바빠지면 매번 김초밥을 만드는 것도 큰일이 되겠지.
자, 그럼 이런 생각도 해보는 거야. '바쁠 때도 똑같은 서비스를 하려
면 어떻게 하지?' 김으로 말 밥을 미리 만들어서 랩으로 싸서 준비해
둔다든가…… 하는 식으로 생각해놓을 수가 있을 거야.

이렇게 떠오른 아이디어는 바로 그 다음날에라도 시험해보는 게
중요해. '이제 막 오픈했으니 일이 익숙해질 때까지만 좀 두자' 이런
핑계는 당치도 않아. 나 같은 경우에는 가능한 한 당장 그날에라도 시
험을 해봐. 요정에서 주는 기본 안주를 보고 '이건 우리 가게에서는
이렇게 응용할 수 있지 않을까?' 같은 생각이 들면 바로 가게에 전화
해서 "이런 거 할 수 있어?"라며 직원들에게 아이디어를 전해줘. 만드
는 법을 정확히 몰라도 책을 보면 대충은 알아낼 수 있거든. 인터넷에
도 정보가 있고 말이야. 아이디어를 형태로 만들어가는 힘을 기르는
데는 '기동력'이 굉장히 중요해.

물론 어떨 때는 아이디어만 그럴싸한 것도 있겠지. 막상 만들어보
니 맛이 없는 것도 당연히 있을 거고. 나 역시 보기에도 좋고 괜찮지

> 아이디어가 떠오르면 바로 실행을
> 해봐. 때론 실패하겠지만 그 과정이
> 곧 발전으로 이어지니까.

않을까 해서 키위로 두부 무침을 만들어봤더니 영 아닌 거야. 하지만 우리 같은 이자카야에서 파는 요리들이 처음부터 완벽해야 하는 건 아니라고 생각해. 어쩌면 처음 오는 몇몇 손님들에게는 살짝 폐를 끼치게 될지도 모르지만, 그럼에도 그 경험을 토대로 자신과 가게가 성장해나간다고 생각한다면 안 될 게 없잖아. 우리가 하는 게 요리집이었다면 개업하고 첫 번째 손님부터 완벽한 요리로 맞아야 했을 거야. 그런 세계와 우리가 하는 이자카야는 다르니까.

요리의 프로가 아니기 때문에 생각해낼 수 있는 메뉴들도 있는 거야. 그게 장점으로 작용할 때도 많고 말이야. 아마추어이기 때문에 비로소 만들어낼 수 있는 세계가 있어. 이자카야는 정말 좋은 장사야.

단 한 명의 손님이라도 환영할 수 있는지가 승부수

태풍이 잦은 계절, 날씨가 안 좋으니 손님도 별로야. 그럴 때 스태프를 줄이거나 빨리 귀가시키는 가게가 있어. 하지만 아무리 큰 비가 쏟아지더라도 손님이 올 때가 있거든. 그럴 때 '손님이 두세 명밖에 없으니 일찌감치 문을 닫자' 라고 생각하는 가게와 '이런 비에도 두세 명이나 찾아와줬으니 힘내야' 라고 생각하는 가게는 큰 실력 차이가 나.

'손님이 적으니까' 라며 스태프를 일찍 돌려보낼 게 아니라 '손님이 적을 때니까 더 극진한 서비스에 도전해보자.' 라고 생각하는 게 번창하는 가게의 사고방식이라고 생각해. 그러니 비 오는 날 와준 손님에게 평상시 똑같은 모습으로 "어서 오세요!" 라고 할 게 아니라 "이렇게 비가 오는데도 저희 가게를 찾아주셔서 감사합니다. 다음 주도 날씨가 안 좋을 거라 하네요……." 이런 식으로 말을 걸어야 하는 거야. 자신을 향해 건네준 말은 설령 사소한 것이라 하더라도 마음속에 서서히 울려 퍼지는 법이니까.

덧붙여 손님이 가게에 들어올 때 비에 젖은 몸을 닦을 타월을 건네주는 거야. 그때 발을 닦기 위한 마른 수건도 같이 건네면 좋겠지. 태풍으로 비가 심하게 내릴 때는 신발 안까지 흠뻑 젖는 경우가 있잖아. 그렇다고 몸이랑 발을 같은 수건으로 닦는 건 싫을 거 아냐. 이왕 타월을 준비할 거면 한 발짝 더 나아가서 손님의 마음을 생각하는 거지.

그리고 "오늘은 날씨도 이렇고 손님도 얼마 없는데, 같이 한잔 하실래요?"라며 손님한테 말을 건네 보는 것도 좋지 않을까 해. 그걸 계기로 손님과의 대화가 활기를 띨지도 모르고, 즐거운 시간을 보낸다면 그 가게가 인상에 남아서 단골이 되어주겠지.

스태프를 줄인 탓에 서비스도 제대로 못 해서 모처럼 찾아준 손님이 '완전 지루했어.'라는 생각을 갖게 된다면 본전도 못 찾는 거야.

장사에는 운이 필요하지만 그 운은 스스로 끌어당기는 거야. 비가 오니까 빨리 가게를 닫자는 그런 소극적인 생각을 하고 있어서야 어떻게 운을 붙잡을 수 있겠어. 어떤 때든 가게를 찾아준 사람을 어떻게 즐겁게 해줄 수 있을까, 그걸 생각하는 것. 그게 바로 운을 끌어당기는 가장 빠른 방법이라고.

접객의 천재는
'경험'이 만든다

거리의 음식점들을 보고 있으면 말이야. 직원들이 기본 중의 기본도 몸에 안 배어 있을 때가 있어. 예를 들어, 주문을 외우는 것. 특별한 일도 아닌데 이게 안 되는 사람을 의외로 자주 만나게 되지.

일전에 가족들과 함께 대형 레스토랑 체인점에 간 적이 있어. 겨우 세 가지밖에 주문을 안 했는데 서빙하는 애가 외우지를 못해서 "잠깐만 기다려주세요." 하는 거야. 손님의 주문을 듣는 것보다 손에 있는 POS 단말기 입력에 정신이 뺏겨 있더라고. 접객이 단순한 데이터 입력 업무가 돼버린 거지.

서비스가 확실한 프랑스 요리 집에 가면 혀가 구부러질 것만 같은 길고 복잡한 메뉴를 직원들이 모두 암기하고 있잖아. 그러고는 "오늘

바쁘다고 접객을 대충 해서는 안 돼. 항상 손님을 팬으로 만들 준비를 하는 자세가 필요하다고.

의 추천 요리는요……." 하며 줄줄 설명해줘. "네 번째 말한 게 뭐였지?"라고 되물어도 잽싸게 대답해주잖아.

'거긴 고급 레스토랑이고 비싼 곳이니까 우리하고는 달라 가 아니야. 이건 접객하는 자세의 문제라고 봐. 손님을 즐겁게 해주겠다는 마음이 있는지 없는지가 주문을 받는 법 하나에도 다 드러나는 거야.

평소에는 접객을 잘하던 가게라도 바빠지면 배려가 사라지게 되지. 설령 경기가 나쁠 때라도 주말이나 대형 연회가 있으면 가게가 바빠지는 경우가 있어. 그럴 때를 대비해 마음의 준비를 해두지 않으면 손님이 만족할 수 있는 접객은 할 수가 없어. 그러면 뻔히 보면서도 가게의 팬을 만들 기회를 놓치고 말지.

우리 가게에서는 이런 실패를 한 적이 있어. 엄청나게 비가 내리던 날이었는데, 그럼에도 지방에서 일부러 우리 가게를 찾아와준 손님이 있었어. 장소도 찾아오기가 힘든 곳에 있어서 찾느라 한 시간이나 헤매고는 온통 흠뻑 젖었던 거야. 그렇게 고생해서 찾아와줬는데 가게가 너무 바빴던지 그때 접객했던 직원이 젖은 옷 닦을 수건 하나 건네지 않았다는 거야.

손님을 소중히 여기는 마음이 있다면, 아무리 바쁜 와중이라도 그런 손님의 모습을 딱 보면 '엄청나게 고생해서 가게를 찾아와줬구나'

아무리 바빠도
손님을 소중히 여기고 있다는
마음을 전하는 건 가능해.

를 한눈에 알 수 있잖아. 그렇다면 수건을 건네는 것은 물론 "와주셔서 정말 감사합니다." 하는 마음을 담은 서비스를 했어야만 해. 나도 이 사실은 사무실로 화난 전화가 걸려온 덕에 알 수 있었지. 그냥 모르고 지나쳤다면 앞으로도 그런 불만들이 속속 생겼을 테니, 그렇게라도 말해주어서 정말 고맙다고 생각했어.

이런 일도 있었어. 우리 가게가 맘에 들어서 친구를 데리고 와준 손님이 있었어. 그날 역시 바빠서 대응이 좋지 않았던 모양이야. 그랬더니 손님이 "정말 망신당했다"며 화를 냈어. 우리 직원들은 다 이름표를 달고 있잖아. 그래서 이름을 아니까 그 아이가 '죄송하다'는 내용을 담은 사죄의 편지를 썼지.

여유가 있을 때와 완전 똑같은 접객은 불가능할지 모르지만, 아무리 바빠도 손님을 소중히 여기고 있다는 마음을 전하는 건 가능해.

예를 들어, 우리 가게에서는 카운터 안에서 가게 안을 넓게 둘러볼 수 있는 포지션에 있는 애한테 이렇게 말해둬. "네가 앉아 있는 곳에서 먼 데 있는 손님과 눈이 마주치면 손을 살짝 들고 '고맙습니다.' 하며 미소를 짓는 거야." 이것만으로도 손님의 마음은 완전히 달라질 테니까.

음식을 바로 낼 수가 없어서 손님을 기다리게 할 때, 그럴 때는 소소한 안주거리를 서비스로 내주면 좋아. 혹은 가게에 있는 동안 세심하게 대응을 못했다면 손님이 돌아갈 때 "오늘은 죄송했습니다. 다음에 오시면 확실하게 서비스해드릴 테니까 다시 찾아주세요!"라고 말하는 것만으로도 하늘과 땅 차이라고 생각해.

손님을 가게의 팬으로 만들려면 무엇보다 내가 한 서비스로 기뻐할 손님의 표정까지 마음속에 그리면서 접객을 해야 해. 천재성이 있는 녀석이라면 굳이 경험을 쌓지 않더라도 그런 접객을 할 수 있어. 하지만 대부분의 사람들이 상상력이 부족하지. 그렇다면 경험을 쌓는 수밖에 없잖아. 인사 하나를 하더라도 이렇게 말하니까 손님이 어떻게 반응하더라, 이런 식의 경험을 하나하나 쌓아가는 것이 중요해.

나는 가게 애들한테 독립할 때까지 적어도 5년은 우리 가게에서 열심히 노력하라고 해. 개업 자금을 모으는 데 필요한 기간이라고 생각해서이기도 하지만, 접객 경험을 쌓는 데 필요한 기간이기도 해서야. 일전에 우리 가게에서 어떤 손님이 말이야. 마시던 맥주잔을 손으로 쓰러뜨려서 깨버린 일이 있었어. 그랬더니 점장이 "새 맥주를 준비했으니까 드세요."라며 바로 한 잔 더 서비스를 했다는 거야. 그 손님은 "내가 잘못한 건데……." 하면서 감동했지. 손님의 실수를 자신을 알릴 수 있는 기회로 삼은 거잖아? 대단한 일이지.

착각해선 안 되는 건, '이런 경우엔 맥주를 서비스한다'라는 게 '정답'이 아니라는 거야. 그렇

> 접객은 무조건 경험이 중요해. 내가 어떻게 하니까 손님이 이렇게 반응하더라, 이걸 계속 쌓아나가는 거야.

게 정해버리면 단순한 매뉴얼이 되고 말잖아. 중요한 건 손님을 즐겁
게 해주고 싶다는 마음이 전해지는 접객을 늘 머릿속에 고민하고 있
어야 한다는 거야.

클레임을 줄일 수 있는
손님과의
좋은 관계

음식점을 하다 보면 아무리 신경을 쓰더라도 피하고 지날 수 없는 것이 바로 손님들의 클레임이야. 클레임을 받는 건 고마운 일이야. 손님이 가게의 개선점을 직접 지적해주는 거니까 순순히 듣고 고치면 돼. 정말 무서운 건 손님이 마음속에 묻어놓는 클레임이야.

음식점 불만 중에 가장 많은 게 음식이랑 음료가 너무 늦게 나온다는 클레임이잖아. 요리가 나오지 않아 짜증이 나는데도 그 자리에서는 "왜 안 나와요?"라고 확실하게 말하지 못하는 손님이 의외로 많아. 그런 사람들은 입 밖으로 말을 하는 대신 속으로 '여기 다시는 안와.'라고 생각하며 돌아가겠지. 그런 식으로 눈에 보이지 않는 곳에서 손님을 잃는 건 무척 무서운 일이야.

그래서 내가 가게 직원들한테 항상 말하는 게, 금요일이나 토요일처럼 바빠서 요리가 늦게 나가기 십상인 날에는 한 테이블에 음식이 나갈 때 반드시 양 옆 테이블에다 "아직 안 나온 게 있나요?"라고 물어보도록 하라는 거야. 클레임이 나오기 전에 가능한 한 예방선을 치는 거지. 그렇게 했는데도 손님이 "음식이 안 나와요!"라고 한다면 "죄송합니다. 바로 가져다 드리겠습니다!"라고 대답할 것. "잠깐만 기다려주세요."는 안 돼. 성심성의껏 대응하고 있다는 자세가 손님한테 전해지는 표현을 하는 게 중요하기 때문이야.

아무리 해도 손님을 기다리게 할 수밖에 없는 상황이라면 "기다리게 해드려 죄송합니다."라는 말을 꼭 전하고 바로 낼 수 있는 간단한 음식을 서비스하는 것도 좋아. 이렇게 하면 나쁜 인상을 좋은 인상으로 바꾸는 것도 가능해. 불평이 나올 만한 상황을 플러스로 바꿀 수 있는 거지. 주문 받은 요리를 지체 없이 내는 건 접객의 기본이야. 하지만 아이러니하게도 잘되면 잘될수록 바빠서 이걸 제대로 지키는 게 어려워져. 그럴 때도 사소한 배려 하나로 클레임이 나오지 않게 할 수 있다는 말이야.

요리나 음료를 엎는 것도 음식점에선 으레 있기 마련인 트러블이야. 손님의 코트나 신발이 없어지는 큰 문제가 생길 때도 있지. 그 어떤 것이라도 예방선을 쳐두는 건 가능해.

가령, 큰 부상으로 이어지기 쉬운 뜨거운 냄비 같은 걸 손님한테 갖다 줄 때는 반드시 주변에도 잘 들리게 "뜨거우니까 조심해주세요." 라고 말하면서 내는 거야. 손님의 뒤쪽에서 주문 받은 음식을 낼 때도 확실하게 말을 걸고 나서 줄 것. 그렇게 하면 손님들이 갑자기 일어나서 요리나 음료가 쏟아지는 상황도 미연에 방지할 수 있잖아.

그리고 작아서 스태프도 얼마 안 되는 이자카야는 코트 같은 걸 가게에서 맡아주지 않는 편이 좋다고 생각해. 점원의 눈이 두루 미치기 힘들기 때문이지. 코트는 자리 옆이나 의자 뒤쪽처럼 손님이 볼 수 있는 범위에 걸어두도록 하고, 손님 스스로 관리하게 하는 편이 "없어졌어!" 하는 클레임을 막을 수 있어.

이렇게 사전에 예방책을 강구하더라도 클레임으로 이어지는 또 다른 문제들은 일어날 수 있지. 그리 되면 이제는 성심성의껏 대응하는 수밖에 없어.

요리나 음료를 흘렸다면 진심으로 사과할 것. 부상이 없는지 살피고 더러워진 옷을 세탁소에 맡겨서 제일 좋게 처리해서 돌려줄 것. 소지품이 못쓰게 됐으니 변상해 달라고 한다면 손님에게 영수증을 받아서 대응해줄 것.

경험이 적은 아르바이트가 손님한테 "제가 한 건가요?"라고 말해버리는 경우도 있을 거야. 그럴 때는 점장이 확실히 방어해야 해. 물건이

클레임을 미연에 방지하는 방법을 궁리하는 것도 중요하지만, 상황이 벌어졌을 때 성심성의껏 대응하는 것도 중요해. 그 모든 것보다 중요한 건 '평소에 손님과의 관계를 잘 만들어두는 것'이겠지만.

없어져서 현금을 청구하는 게 가장 곤란한 케이스지만 이런 경우에도 잘잘못을 따지기 전에 우선 손님의 이야기를 잘 들어줘야 해.

이미 일어난 일은 어쩔 수 없어. 하지만 클레임을 받은 후 가게가 어떻게 대응하느냐에 따라 일이 커질 수도, 작아질 수도 있어. 문제가 일어난 뒤에 손님이 얼마나 기분 좋게 가게를 나설 수 있느냐가 최종적으로 그게 커다란 클레임이 될지 아니면 해결할 수 있는 문제로 끝날지의 경계선이 되는 거야.

사실, 클레임이 큰일로 이어지는 가게라는 건 클레임의 대처법 자체가 나쁠 뿐 아니라 평소에 손님과 진정으로 좋은 관계를 구축하지 못한 곳이라고 생각해. 그러니 클레임의 최대 예방책은, 만에 하나 문제가 일어났을 때에도 클레임이 커지지 않도록 평소부터 접객에 유의하는 거야.

전에 우리 가게 중 한 군데서 이런 일이 있었지. 신발을 벗고 들어가는 곳이었는데, 단골손님의 신발이 없어진 거야. 그래서 열심히 찾아봤지만 나오질 않았다고 점장이 손님한테 말했더니 "알았어. 이제 됐으니까 다음에 오면 서비스나 잘해줘요." 하는 거야. 그래서 점장도 "죄송합니다. 다음에 오시면 모듬회 서비스 꼭 드리겠습니다." 이렇게 말하고 좋게 마무리가 됐어. 평소에 손님하고 좋은 관계를 맺고 있었기 때문에 클레임이 커지지 않은 거지.

이런 경우도 있어. 손님 코트를 "여기 두겠습니다."라며 옷걸이에 걸면서 "손님 것보다 좋은 코트 갖고 돌아가시면 안 됩니다~." 같은 농담을 가볍게 던지는 거야. 이런 얘길 나눌 수 있는 사이라면 얼마나 좋겠어. 그렇게 손님과의 거리를 좁힐 수 있느냐 없느냐, 그게 클레임이 나오지 않는 가게로 연결되는 열쇠라고 생각해.

또 남녀가 같이 쓰는 화장실에서 남자 직원이 나오는 길에 여자 손님과 마주치는 일이 종종 있어. 여자들은 같은 화장실에서 남자가 자기보다 먼저 볼일 보는 걸 싫어하잖아. 종업원이면 더더욱 그렇고. 그래서 우리 가게에서는 직원들이 화장실에 갈 때는 입구에 '1분 청소 중'이라는 팻말을 걸어놓기로 했어. 이렇게 해두면 손님도 덜 불쾌할 뿐 아니라 '청소해줬구나.' 하고 오히려 좋은 인상을 품게 되겠지. 물론 더렵혀지지 않았는지 제대로 체크하고 스프레이로 냄새도 없앤 후에 나오도록 하고 있어.

정말 별 것 아닌 것 같지만, 손님들과의 관계를 좋게 하기 위해서 항상 노력하고 있다면 어떤 클레임이 들어와도 큰 문제가 되지 않아. 난 그렇게 생각해.

Part 5
'팔자'고 생각하면 날개 돋친 듯 팔릴 것이다

이유 불문하고 팔리는 비법

전단을 뿌려도
손님은
오지 않는다

"가게로 손님을 불러들이는 효과적인 판매법이 뭘까?"라고 물으면 곧바로 '전단지'를 생각하는 사람이 있어. 하지만 우리처럼 작은 가게 장사에서는 전단지를 뿌린들 소용이 없어. 한번 생각해보라고. 역 앞에서 '맥주 반값에 드립니다!' 같은 전단지를 받아도 얼마나 되는 사람들이 거길 가겠어.

가령 와준다 해도 점원에게 보여주고 맥주 할인 받는 게 끝이라면 가게 사람들과의 커뮤니케이션 같은 건 생겨날 수가 없지. 그런 사람들은 전단지를 돌리지 않을 때는 다시 와보지도 않을 거라고. 그런 데 힘을 쓰는 대신 가게에 와준 손님의 술잔이 빌 때 "저는 이 고구마 소주를 무척 좋아하거든요. 서비스로 드릴 테니까 한번 마셔보세요."라며 한잔 따라 줘봐. 손님은 분명히 그 가게를 좋다고 생각할 거야. 이것도 따지고 보면 '반값' 서비스지만 전단지하고는 차원이 다르지.

작은 가게라면 어떤 판촉 행위라도 용납된다고 생각해. 예를 들어 갓 개업했을 때 처음 와준 손님이 소주를 주문하면 그것과 함께 1.8리터짜리 술병을 테이블에 놓고 "오늘 와주셨으니 이걸 선물로 드릴게요."라고 해도 괜찮겠지. 단, "이건 병째 보관해드릴 테니까 다음에 오실 때 마셔주세요."라는 조건을 다는 거야. 이런 서비스라면 주변에 말하고 싶어지지 않을까? 바로 다음날이라도 친구나 동료를 데리고 와줄지도 몰라. 소주 1.8리터라 해봤자 기껏해야 2~3천 엔 정도. 팬이 생기고 새로운 손님도 와준다면 오히려 싸게 먹히는 거지.

옛날에 자주 가던 양식집이 있었는데 하루는 가게에 갔더니 거기 주인이 "롯본기에 있는 유명한 가게랑 똑같은 스테이크를 반값에 먹여줄 테니까 몇 명 데리고 와!"라는 거야. 일정을 바로 정해달라고 하는데도 그런 얘길 들으면 무슨 일이 있어도 가야겠다 싶은 생각이 드는 거지. 곧장 몇몇 사람들을 모아서 먹으러 갔었어. 그런다고 가게가 손해를 보냐면 그렇지도 않아. 그 서비스 때문에 새로운 손님이 몇 명이나 더 가게로 와주는 거니까. 게다가 다시 와줄 가능성도 높지. 이 가게는 뭔가 또 서비스를 해주지 않을까 하는 기대감이 있기 때문이야.

작은 가게에서 반값 홍보지는 도움이 되지 않아. 같은 반값이라도 찾아온 사람들에게 후한 서비스를 해줘서 입소문을 내게 하는 방법이 훨씬 좋아.

마츠자카 소고기(일본 미에현 마츠자카 시에서 생산하는 일본 3대 고급 소고기 명칭) 중에서도 제일 좋은 놈을 반값에 준들 가게는 결국 손해를 보진 않아. 얼핏 보기엔 터무니없는 것 같지만 이런 서비스도 용납된다고 생각해.

전단지나 할인권 같은 건 역 앞에 있는 대형 체인점도 똑같이 뿌리고 있잖아. 우리 가게는 역 바로 앞도 아니고 역에서 먼 뒷골목 빌딩 2층에 있거나 하니까 역 앞 가게들이랑 똑같은 걸 해도 소용없어. 작은 가게에서 효과 있는 건 손님이 자기한테만 해준다고 느낄 만한 서비스라고 생각해. 1.8리터짜리 술이나 마츠자카 소고기처럼 강한 임팩트가 있는 게 아니라도 좋아. 손님이 주문할 때 '방어로 할까, 참치로 할까' 고민하다 참치만 주문한다면 "방어 한 점 서비스로 드렸어요! 오늘 건 맛있으니까 한번 드셔보세요."라며 내는 거야. 회 한 점 따위 별 것 아니지만 손님한테는 굉장히 기쁜 일이야. 당연히 가게 팬이 되어줄 거라 생각해.

메뉴 쓰는 법 하나만 해도 손님이 주문하고 싶어질 만한 아이디어는 간단히 낼 수 있어. 이때 포인트는 메뉴 안에다 '살아 있는 말'을 써야 한다는 거야. 전에도 말했지만 꽁치가 맛있는 계절이라면 메뉴판의 꽁치 소금구이 위에다 '가게 식사로 먹어봤는데 강력 추천합니다!' 이런 식으로 말이지.

메뉴판을 이용한 판촉도 효과적이야. 그때 포인트는 메뉴판에 '살아 있는 말'을 써넣어야 한다는 거지.

자기를 위해서
메뉴에 없는 요리를 내준다면
손님들은 모두 감격할 거야.

꾸미지 않은 평범한 말이 좋아. 그게 손님의 마음에 가장 잘 와 닿아. 초밥 집 같으면 "오늘은 전어 좋은 게 들어왔어요." 이런 식으로 얘기할 수 있잖아. 손님도 그런 평범한 말을 듣고 '오, 한번 먹어보고 싶은데?' 하고 생각하지. 우리 가게 역시 마찬가지야. 메뉴판에다 '오늘 직접 먹어봤는데 맛있었다'고 쓰는 건 작은 가게이기 때문에 할 수 있는 최강의 홍보 문구인 거지. 계절에 맞는 메뉴를 어필하기 위해 3개월 전부터 문장을 준비해서 인쇄한 대형 체인점의 판촉 포스터보다 훨씬 더 좋잖아?

손님이 요리를 주문할 때 역시, 다양한 판촉 찬스가 있어. 예를 들어 야키소바나 마파두부처럼 한꺼번에 몇 인분씩 만들 수 있는 요리는 주문이 하나만 들어오면 "지금부터 따끈따끈한 마파두부를 5인분 한정으로 만들 거니까 손들어주세요!" 같은 걸 해도 좋겠지. 1인분이나 5인분이나 수고는 마찬가지잖아. 단품으로는 싼 요리라도 주문이 5인분 들어오면 매상도 꽤 될 뿐더러, 바쁠 때도 효율적으로 매상을 늘릴 수 있지.

메뉴에 없는 걸 준비해두는 방법도 있어. "(메뉴에 있는) 야키소바 말고 다른 면류는 없어요?"라고 물어보면 "찬 메밀국수나 우동도 가능해요."라고 재빨리 답하는 거야. 면류는 조금씩 몇 종류라도 준비해둘 수 있으니까 말이야. 자기를 위해서 메뉴에 없는 요리를 내준다면 감격할 거야. 그런 가게라면 또 가고 싶어지지 않겠어?

하는 일 전부가 성공하지 않아도 좋다고 생각해. 나 역시 아이디어의 절반 이상은 실패했지 싶어. 하지만 가령 그때는 효과가 나지 않더라도 시도해본 만큼 축적된 결과가 가게에 나타날 거야. 반드시 결과가 따르기 마련이라고.

손실은
'나는' 게 아니라
'내는' 것이다

생선 같은 식재료는 손실이 나기 쉬운 걸 생각하면 도저히 과감하게 사들일 수가 없다고 주저하는 사람들도 있어. 하지만 나는 손실이란 '나는' 게 아니라, 손실을 '내는' 거라고 생각해.

예를 들어 이제 막 개업해서 아직 재료를 얼마나 사면 좋을지 가늠이 안 될 때는, 횟감 같은 재료는 구매를 피하게 돼. 하지만 '손실이 나면 어떻게 감당해……' 이런 마음으로 있으면 어떻게 다양한 메뉴들을 시도해볼 수 있겠어. 모처럼 생선회를 내놓기로 했다면 이런 생각을 가져선 안 되지. 손님 입장에서는 매력적인 메뉴가 되지 못할 거야.

이럴 때는 손실을 두려워 말고 좀 무리해서라도 몇 종류는 횟감을 준비해두는 거야. 그러면 손님도 '이 가게는 생선 종류가 꽤 많네.'라고 생각해줄 거야. 그리고 밤 10시가 넘어 못 팔고 남을 것 같으면, 반값으로 그날 중에 팔아 치우면 돼. 반값으로 팔면 이익은 나지 않아도 손해 또한 나지 않거든. 처음에는 그걸로 충분해.

"반값이라니 진짜 싼데?", "생선회는 다음날까지 남겨둘 수가 없거든요." 이런 대화를 손님과 나눈다면 '이 가게는 신선한 생선을 쓰고 있구나.'라는 평판으로 이어지게 되겠지. 굳이 말하지 않아도 매일 이렇게 한다면 그 가게에서 다루는 생선의 싱싱함은 전달되게 돼 있어. 가게에 있어서는 최고의 선전이 되는 거지.

우리 가게에서 독립해 어시장 근처에 가게를 낸 직원이 있어. 처음엔 조금 힘들었지만 그래도 매일매일 신선한 생선을 8종류씩 구비해놓더니 지금은 엄청나게 잘나가는 가게가 됐지. 가게 앞에서 '○○산 생선 팝니다!' 이런 간판도 달아뒀는데, 이렇다 할 건 없지만 굉장히 끌리는 문장이지 않아?

'생선'이라는 건 말야. 가게의 무기로 삼기 아주 좋은 식재료야. 돼지나 소는 비싼 브랜드 고기가 아닌 이상 이게 얼마나 좋은 고기인지를 어필하려면 열심히 궁리를 해야 하지만, 생선은 그 신선함만 어필하더라도 손님의 마음을 끌 수 있거든. 그 무기를 효과적으로 사용하려면 무엇보다 재료를 구입한 그날 안에 다 팔아야 하겠지.

손실 나는 게 두려워서 재료를 아끼지 말고, 가게의 평판이 생길 때까지 적어도 6개월 정도는 본전만 찾는다는 각오로 재료를 준비해둬야 해. 그런 자세가 좋은 가게를 만드는 거라고.

처음에는 물론 힘들 거야. 그 직원 역시 개업하고 초기에는 꽤나 고생했어. 하지만 6~7평짜리 작은 이자카야에서 손실이 난다 한들 뻔한 수준 아니겠어? 30평짜리 가게하고는 사정이 달라. 그렇다면 돈을 못 벌더라도 원가만 회수하자는 정도의 각오로 처음 반년은 있는 힘껏 참고 버텨내면 돼. 그래서 가게에 단골이 생겨나면 남은 회를 반값으로 파는 걸 그만두면 되는 거야. 그렇게 잘만 하면 손님 한 사람이 두 사람, 세 사람을 데리고 와주잖아. 그중 한 사람이라도 또 다시 단골이 되어준다면 그것 참 기쁜 일이지.

손실이 나지 않으려고 움츠러드는 장사를 할 게 아니라, 손실이 나더라도 제대로 해보겠다는 생각. 그렇게 함으로서 가게의 실력이 붙게 돼. 손실을 신경 쓸 정도라면 애초에 가게를 내지 마. 난 그렇게 생각해.

반값으로 파는 그런 서비스는 한번 시작하면 그만두기가 힘들지 않느냐고 불안해하는 사람들도 있어. 하지만 새로 가게를 내고 고객을 만들기 위해 하는 큰 서비스는 손님이 늘어날 때쯤 적당한 때를 살펴 그만두어도 괜찮아. 물론, 가게에 그것을 대신할 수 있는 다른 매력이 없어서는 안 되겠지만 말이야.

"옛날엔 참 좋았는데 말이야. 이런 산더미 같은 모듬회가 글쎄 반값이었으니까."

"그때는 파리 날렸으니까요."

이런 대화를 웃으면서 자연스레 나눌 수 있는 손님이 생겨난다면 그야말로 최고지. 힘든 시절부터 가게를 지탱해준 그런 손님과의 관계는 쭉 이어져가는 거니까.

난 그것보다 가게가 바빠졌을 때 서비스의 질이 떨어지지 않도록 더욱 신경 쓰라고 이야기해주곤 해. 손님을 잃게 될 위험성은 이 부분이 더 큰 법이거든.

연일 사람들로 붐비는 어떤 가게 얘긴데, 괜찮은 가게지만 요즘 들어서 생맥주를 주문하면 미지근한 잔에 그냥 나오는 거야. 별 것 아니지만 그런 데서부터 가게의 평판은 떨어지기 시작해.

아무리 바빠도 할 수 있는 서비스는 얼마든지 있어. 꽁치구이 하나를 낼 때도 말이야. 손님들을 가만히 보면 살을 바를 때 꽤 고생들을 하거든. 그건 요령이 필요한 일이니까. 그러니 꽁치를 낼 때 "이렇게 하면 간단히 발라낼 수 있어요." 하고 간단하게 설명을 해준다면 그것만으로도 괜찮은 서비스가 되고, 손님과의 커뮤니케이션도 생겨나지.

바쁠 때일수록 손님에게 한 마디 말을 더 걸어주고, 간단한 서비스로 초심을 잃지 않는 모습을 보여준다면 그 가게는 항상 평판 좋은 가게로 남을 거야.

초보에게는
초보만의
판매 방식이 있다!

전에 '와인'을 전면에 내세운 가게를 만든 적이 있지. 와인이라고 하면 소믈리에나 그쪽 방면의 프로가 없으면 팔기 힘들다고 생각하는 사람이 많잖아. 나는 전혀 그렇게 생각하지 않았어. 우리 가게는 어디까지나 이자카야니까, 소위 말하는 '와인 애호가'들에게 평가 받는 가게가 아니라도 상관없잖아? 그러니 스태프 모두 와인에 대해 문외한이라도 문제없다고 생각했어.

게다가 요즘은 맛있는 와인에 관한 정보가 넘쳐나고 있잖아. 적당한 가격이면서 상을 받은 와인, 유명 소믈리에가 추천하는 와인 같은 건 쉽게 정보를 얻을 수 있어. 그렇게 해서 사람들에게 어필하기 쉬운 와인에 주력해서 준비하면 된다고 생각한 거지.

초보자에게는
초보자만의 판매법이라는 게 있다고 생각해.

자신에게 지식이 없다면 외부에 있는 '프로'의 힘을 빌리면 돼. 추천 와인 기사가 실린 잡지를 가게에 두기만 해도 상품 설명과 동시에 어필이 되지. 필요한 지식은 영업을 해나가며 조금씩 익혀 가면 되는 거야.

와인 뚜껑을 열 때도 말이지, 요즘은 전통 와인 오프너라는 게 있잖아. 병 입구에 세팅해서 스위치를 누르면 자동적으로 코르크가 빠지는 거. 전문 와인 바에서 하는 것처럼 앞에서 일일이 돌려 따주지 않아도 그 간단한 걸 손님 앞에서 해 보이며 "이거 정말 편하죠?", "그러게, 정말 좋다!" 이런 대화를 나눌 수 있다면 접객하고도 곧 연결이 될 거야. 소믈리에 나이프로 따는 게 '전문가'의 방식은 맞지만 우리는 이걸로도 충분하다고 생각해.

어떤 가게들은 손님 앞에서 코르크 따는 기술이 없다는 이유로, 뒤에서 이미 오픈한 와인을 내보내는 곳도 있어. 그러면 흥이 깨지잖아. 그럴 바에는 차라리 와인을 안 내놓는 편이 나아.

초보자에게는 초보자만의 판매법이라는 게 있다고 생각해.

40년 전 내가 작은 이자카야를 하던 시절. 앞에서 한번 이야기한 적 있지? 회를 제대로 썰 수가 없어서 절단면이 엉망진창인 걸 만회하려고 '대충 썬 회'라며 사발에 담아낸 것 말이야.

하루는 나와 제법 친해진 츠키지(도쿄에 유명한 어시장)의 오래된 초밥

집 주인장이 찾아온 거야. '대충 썰은 회'를 냈더니 "이것 참 신선하군. 이런 방식에 대해서 내가 덧붙일 말이 없네. 이건 이것대로 하나의 방식이니까 말이야."라고 말해줬어. 정말 기뻤지.

이자카야이기 때문에 초보자만이 할 수 있는 여러 방법들이 먹히는 거야. 좀 서툴러도 그걸 센스 있게 잘만 활용한다면 그 자체로 가게의 매력이 되는 거지.

그러니 와인을 팔면서 "이건 우아하면서 고급스러운 맛이에요.", "이건 타닌과 산미의 밸런스가 아주 좋죠." 이런 말을 못하더라도 상관없다는 거지. 와인 파는 가게를 하면서 깨달은 건 여성 고객들이 생각 이상으로 와인을 무척 좋아한다는 거였어. 그 분위기를 아주 좋아해. 와인 뚜껑을 여는 순간 그녀들은 일제히 "와!" 하고 탄성을 질러. 그런 건 소주나 일본술을 내놓았을 때는 볼 수 없는 반응이지.

거기에 착안해서 이 가게를 열고 난 후 곧바로 난 '스파클링 와인'에 집중한 가게를 하나 더 오픈했어. 와인을 수십 종류씩 갖다놓을 수는 없었지만 최대한 충실하게 찾아서 스파클링 와인만 15종류 정도를 준비한 거야. 스파클링 와인의 코르크는 소리가 안 나게 따는 게 정석이지만, 우리는 이자카야니까 그런 거 상관없잖아. 손님만 즐거우면 된 거지. 그래서 서비스할 때 손님한테 "펑- 하고 터뜨릴까요? 아니면 조용하게 따드릴까요?" 하고 물어보게 했어. 그러자 대부분의 손님들이 "소리 나게 하는 게 좋아요!"라고 대답하는 거야. 그래서 매일같이 가게 여기저기서 샴페인 따는 소리가 울려 퍼지니까 마치 축제

나는 가게에다 오래된 자재를 자주 이용해.
번쩍거리는 새 재료보다 멋이 있어서
공간에 '정취'가 배어나게 해주지.
갓 독립해서 아직 접객이 능숙하지 않은 사람이라도
오래된 재료나 중고 가구로 가게를 채우면
자리가 어색하지 않아.

라도 연 듯 다 같이 신이 나는 거지.

  이거야말로 '초보자니까 가능한 판매법'이 아니겠어? 이렇게 시작해서 장사를 해나가며 와인에 대한 지식을 조금씩 익혀나가면 돼. 그러면 나중엔 그게 아주 좋은 무기가 되어 있겠지. 난 그렇게 생각해.

반드시 매진되는,
메뉴 권하는 법

우리 가게 중 한 군데서 계절에 상관없이 맛있는 '잿방어'를 팔자고 한 적이 있었어. 그날 가져온 잿방어는 무조건 그날 다 팔자는 게 목표였지. 그러기 위해서 손님이 요리를 주문할 때까지 최소 세 번은 "잿방어가 맛있어요." 하며 그 메뉴를 권하기로 했어.

첫 번째는 입구에서. 신발을 벗고 올라가는 구조라, 우선 손님이 신발을 벗고 있을 때 한마디 건네는 거야. "오늘은 잿방어가 맛있어요."라고. 손님이 자리에 앉을 때도 그렇게 한 마디 하고, 메뉴를 보고 있을 때 또 다시 한 마디 "잿방어가 맛있어요."라고 말하는 거지. 한 접시에 580엔짜리 회야. 세 번이나 권하면 대부분 주문을 하는데, 그래도 고민하는 손님한테는 한 번 더 쐐기를 박는 거야. "진짜 맛있

으니까 한 점이라도 좋으니 일단 한번 드셔보세 　손님에게 메뉴를 권하는 방법, '타이
요."라며 한 조각에 100엔짜리 회를 준비해두는 　밍'이 정말 중요해. 메뉴판을 들었을
　　　　　　　　　　　　　　　　　　　　　　　때는 이미 늦은 거라고.
거지. 이렇게까지 하면 확실하게 주문을 받아낼 수 있어. 그래서 정말
맛있다는 생각이 들면 다음은 술술. 다른 회도 덩달아 팔리게 되거든.
그렇게 해서 이 가게는 잿방어를 엄청나게 팔았고, 다른 횟감도 항상
7~8종류를 준비해놓을 수 있게 됐어.

　　중요한 건, 가게 직원들이 '살아 있는 말'로 손님한테 그 맛을 전
달할 수 있어야 한다는 것. 직접 먹어보지 않으면 불가능하니까 그 가
게는 직원들 식사로 회를 내줬어.

　　이 가게는 처음 점장을 해보는 애한테 맡겼었는데 이 아이는 생선
가게에 주문 전화를 할 때, 주문만 하는 게 아니라 반드시 "○○ 회는
손님한테 인기가 있어요." 하며 보고를 하는 거야. 우리 가게와 오랜
인연이 있는 생선 가게였는데 "이런 점장은 처음이에요." 하며 마음
에 들어 했어. 그러면서 자연스레 "오늘은 감성돔이 맛있어.", "장마
철에는 '장마 벤자리'라는 게 있는데 그놈이 참 괜찮지." 같은 정보를
점장에게 알려주게 됐지. 그런 게 또 손님과의 대화로 이어져서 그 가
게는 늘 활기를 띠었어. 계속해서 생선을 판매하려면 매일 이렇게 조
금씩 노력해나가는 게 정말 중요하지.

　　한편, 가게를 하다 보면 매출 상황이 안 좋을 때도 있어. 그걸 두

려워할 필요는 없다고 생각해. 그런 때는 가게를 뒤바꿀 찬스이기도 하기 때문이야. 새로운 것에 도전할 좋은 계기가 되지. 가게를 확 바꿔서 기운을 불어넣으면 일하는 애들도 힘이 나고 말이지. 그렇게 하면 자연히 손님들도 들어오게 돼.

나도 한 가게 매상이 자꾸 떨어지자 점장을 한번 바꿔봤거든. 그 바뀐 점장이 바로 좀 전에 이야기한 '회를 팔던' 그 점장이었어. 그 전까지 가게엔 아이스박스 한 개 정도의 횟감만 들여서 팔았는데, 단숨에 생선상자 4~5개로 바꾸더니 애들 앞에다 그걸 턱 내려놓고는, "이건 전부 오늘 치야. 생선은 신선도가 생명이니까 다 못 팔면 그냥 다 버릴 거니까 그렇게 알아!" 하고 선언했어. 다들 눈이 휘둥그래졌지. 하지만 점장의 의지가 전해진 건지, 그날 중으로 그 많은 생선을 다 팔아 치웠어.

그는 예전 경험을 살려서 '손님에게 메뉴를 권하는 타이밍'을 철저하게 생각했어. '손님의 마음은 첫 주문을 할 때 거의 결정된다. 그러니 주문 받을 때가 아니라 손님이 고르기 시작하기 전을 노려서 적극적으로 회를 어필해야 한다.' 이 경험을 그대로 적용했고, 그것만으로도 매상이 확 달라졌어. 그 메뉴를 주문하는 확률이 훨씬 높아졌거든.

거기다 시간이 늦어서 생선이 남을 것 같으면 "다 팔아버리려고 두툼하게 썰어놨어요!" 하며 먹음직스럽게 썬 회를 손님에게 내놨어. 그렇게 가게가 생선 파는 분위기로 한껏 고조된 후로는, 아르바이트

하는 애들도 스스로 알아서 적극적으로 행동하기 시작했어. 손님 자리까지 회 추가 주문을 물어보러 가기도 하고 말이야. 평소 같으면 추가 주문은 음료 정도만 물어보는데 '다 팔아야지!'라고 생각을 하게 되니까 다들 필사적으로 판매방법을 생각하게 되는 거야.

항상 신선한 생선을 낼 수 있다는 건 잘되는 가게의 증거 같은 거야. 손님한테 당당하게 권할 수 있으니까 일하는 애들한테서도 활기가 나오지. 그러다 보면 '여기는 진짜 열심히 팔아주는 가게구나.'라며 거래처에서도 좋은 생선을 넉넉하게 납품해주게 돼. 그렇게 좋은 순환이 생겨나서 가게는 점점 활기차지는 거야.

손님을
단골로
만드는 비법

대기업에서 운영하는 대형 체인점, 그중에서도 파격적으로 싼 가격에 운영하는 곳이 자기 가게 근처에 생겨나면 다들 전전긍긍하지. 하지만 이웃 가게가 자기 가게보다 아무리 싸다 하더라도 진심으로 장사를 하고 있다면 하나도 무서울 게 없어.

주변을 둘러보면 알 수 있을 거야. 가령 백엔숍이 생겨도 세상 모든 상품들이 100엔이 된 건 아니잖아. 고급 제품들도 잘 팔리고 있어. 조금이라도 싼 간장을 찾아 슈퍼에서 특판 제품을 사는 사람이 있는가 하면, 산지나 원재료에 신경 쓴 비싼 간장을 사는 사람도 있다고.

말하자면 세상의 가치관은 단 하나가 아니라는 거야. 그러니 가격으로 승부하는 '싸게 파는 가게'를 하려는 게 아니라면 '어떡하면 우리 가게 메뉴가 잘 팔릴까?' 오직 그것만 생각하면 되는 거야.

'그런 건 항상 생각하고 있어.'라고 할지도 모르겠지만 장사가 잘 안 된다고 투덜거리는 가게 주인이 과연 얼마만큼 진지하게 '파는 것'에 대해 생각하고 있을까, 나는 자주 의문이 들곤 해.

다른 업계에서 일하는 사람들에게 눈을 돌려봐. 정말 대단하지 않아? 가전제품을 한번 봐봐. 이제 더 이상의 진화가 있을까 싶을 만큼 수두룩한 상품들. 그럼에도 불구하고 브랜드에 소속된 사람들은 갖은 지혜를 쥐어짜내서 새로운 기능을 지닌 제품을 잇달아 내놓잖아. 냉장고 같은 것만 해도, 원래 기능은 음식물을 차가운 상태로 보존하는 심플한 가전이지만 지금은 문이 오른쪽 왼쪽 다 열릴 수 있게 한다든지, 식품이 건조해지지 않게 하는 보관통을 만든다든지 하는 식으로 끊임없이 새로운 걸 개발해내잖아. 손님들이 기뻐할 만한 기능들을 말이야. 24시간 내내 '뭘 해야 고객들이 좋아할까'를 생각하며 열심히 고민하기 때문이라고 생각해. 그런 노력이 음식점에도 필요한 거야.

음식 장사를 하는 사람들은 특히, 자기 앞에 놓인 1분, 1초가 '팔 수 있는 기회'라고 생각해야 해. 그게 중요해. 난 말이지, 우리 가게에서 자주 술을 마시곤 하거든. 그때 여자 손님들이 가까이 앉으면 "이렇게 마시는 법 알아요?" 하며 스파클링 와인에 아이스크림을 넣어 보이곤 해. 그러면 쉭− 하고 엄청난 기포가 생기잖아. 여자애들은 그걸 보고 "와!!!" 하면서 기뻐하지. 그러다 보면 은연중에 내가 가게 주인이라는 게 상대방에게 전달이 돼. 그러면 그들은 '이 가게 주인아저씨

싸고 큰 가게가 근처에 생겼다고 두려워하지 말고, 우리 메뉴를 어떻게 팔까를 고민해. 손님을 대하는 방식 하나하나가 판매와 직결된다면 내 앞에 놓인 1분, 1초가 중요하게 여겨질 거야.

재밌다.'라고 생각하게 되지. 그건 곧 '여기 또 올까?'라는 생각으로 이어질 테고. 그런 작은 일들이 쌓이고 쌓이는 거야.

홋카이도에 있는 인기 있는 가게 얘긴데, 여기 주인은 손님들이 먹고 있는 모습을 꼼짝 않고 쳐다봐. 한입, 요리를 입에 넣으면 "어때요?" 하고 즐거운 듯이 물어봐. 그래서 "맛있어요!"라고 하면 만드는 방법까지 가르쳐줘. 그런 가게에 간다면 손님들도 즐겁겠지.

그러니 한창 일하는 중에라도 손님이 음식을 입에 넣은 순간 어떤 표정을 지을까, 상상하는 거야. "어때요?"라고 물었을 때의 표정을 상상해. 그것이 잘 팔리는 가게로 이어지는 거라고 생각해.

특히 가게 운영이 힘들어졌을 때 대부분의 주인들이 금세 메뉴를 바꾸고 싶어 하잖아. 하지만 메뉴를 바꾸는 대신 '어떻게 팔까?'를 곰곰 생각하는 것만으로도 방법은 얼마든지 찾을 수 있어.

예를 들어, 겨울은 냄비 요리가 잘 팔리는 계절이잖아. 그래서 우리 가게에서는 무조건 손님이 국물 더 달라고 부르기 전에 냄비에다 국물을 더 부어주고 있어. 국물을 더 부으면 맛이 어떤지 잘 알 수가 없어지잖아. 그래서 난 우리 직원들 목에다 소믈리에가 와인을 테이

한번 온 손님이
다시 오지 않는다면
그건 전적으로
가게의 책임이야.

스팅하기 위한 작은 컵 같은 걸 걸게 했어. 그걸로 반드시 국물 간을 보게 하는 거지. 그리고 맛이 다 조절되면 국물을 마신 순간 "오우, 맛있는데요?"라고 꼭 말하는 거야. "이렇게 맛있는 걸 드시고 계셨네요!"라고 하면 눈앞에 있는 음식이 몇 배는 더 맛있어져. 손님도 즐거워지고 다시 오고 싶은 가게라고 생각해주리라 믿어.

글라스 와인 같은 것도 '우린 평소보다 많은 양을 주자'라고 생각했다고 쳐. 그러면 그냥 더 주지 말고, 자리에서 와인을 글라스에 따를 때 "보통 소믈리에들은 여기까지만 따라주죠." 하면서 따르는 걸 중간에 한번 멈추는 거야. 그러고 나서 "하지만 저희는 여기까지 따라드려요." 하면서 듬뿍 더 따라주는 거지. 그렇게 하면 손님은 처음부터 많은 양의 와인을 따라주는 것보다 훨씬 더 기뻐할 거야.

꼭 주의해야 할 것은, 처음에는 제대로 신경을 쓰고 있어도 점점 귀찮아져서 그저 국물을 더 갖다 주거나 와인을 한 번에 다 따르거나 하게 되는 것. 하지만 그것이 '안 팔리는' 길로 이어지는 거야.

상품을 그저 보기만 하다 그냥 나가버리는 손님이 많은 물품 판매점과는 달리, 음식점은 가게에 들어와준 손님이 반드시 상품을 '사주게' 되어 있어. 손님한테 최대한으로 어필할 찬스가 있는 거지. 즉 한 번 온 손님이 다시 오지 않는다면 그건 전적으로 자신들의 책임이라는 거야. 그러니 어떤 작은 기회라도 소홀히 해선 안 돼. 나는 그렇게 생각해.

송년회 시즌에는
특별한 일을
하지 마라

　　요식 업계에서는 연말이면 다들 송년회 시즌을 겨냥한 판촉을 생각해. 하지만 나는 연말이라고 해서 판촉을 해본 적이 없어. 영업하러 가본 적도 없고 기껏해야 화장실에 송년회 예약 안내문을 붙여놓는 정도. 어차피 연말 매상은 일시적인 것이기 때문이야.

　　그보다 이 시기에는 평소에는 술을 안 마시는 사람들도 가게에 와. 새로운 손님이 단골손님 손에 이끌려 속속 찾아오지. 그 손님을 어떻게 다시 오게 만들지? 그걸 생각하는 편이 훨씬 더 가게를 위한 일이야.

　　보통 송년회 시즌이라 하면 일본에 있는 모든 가게의 질이 '안 좋아'지잖아. 잔뜩 붐비고 점원들은 바빠서 손님이 불러도 좀처럼 자리에 오지 않지. 그런 가게에 비해 자기 가게가 얼마나 좋은 인상을 남길 수 있을지를 생각하는 편이 앞으로의 매상으로 이어지는 지름길이야. 특히 1, 2월 매상하고 확실히 연결된다고 봐.

전혀 특별한 일을 할 필요는 없어. 재떨이 하나, 앞 접시 하나 갈아주는 것만으로도 완전히 달라. 예를 들어 손님이 멀리 떨어진 데서 부를 때, "잠시만 기다려주세요."라고 할 게 아니라 "네, 바로 가겠습니다!"라고만 해도 손님의 인상이 달라질 거라 생각해.

'바로 간다'고 하긴 했지만 손님 자리에 갈 때까지 걸리는 시간은 결국 같을지도 몰라. 하지만 똑같이 기다리게 하는 거라도 가능한 한 빨리 가려고 하는 마음이 담긴 말과, '바쁘니까 좀 기다려요.'라는 기분이 드러나는 말은 완전히 달라. 그리고 자리에 가서는 "기다리게 해드려서 죄송합니다."라고 머리를 숙이는 거야. 작은 일이지만 이걸로 손님의 인상은 크게 달라질 거라 생각해.

연말을 겨냥한 '대책'을 강구하려면 판촉이 아니라 오히려 손님을 기다리게 하지 않을 아이디어에 힘을 쏟아야만 해. 메뉴는 당연히 빨리 낼 수 있는 걸로 바꿀 필요가 있겠지. 평상시 메뉴로 닭튀김을 뜨겁게 해서 냈다면 똑같은 닭이라도 초간장에 담가서 1~2분 만에 낸다든지. 밥 종류는 바로 낼 수 있는 주먹밥으로 하는 대신, 손님이 깜짝 놀랄 만한 속 재료를 생각하는 거야. 만족도가 내려가지 않으면서 제공할 때까지의 시간을 단축할 수 있는 그런 메뉴로 바꾸면 좋겠지.

아무리 해도 기다리게 해야 할 것 같으면 "이건 서비스입니다."라

'바쁘다'는 건 가게 사정이지
손님하고는 상관없는 일이잖아.
바쁜 시기라 해도
손님들은 평소와 똑같이
즐거운 시간을 보내고 싶어 해.

면서 뭐든 바로 가져갈 수 있는 걸 하나 내도 좋겠지. 기다리게 한다는 건, 반대로 단숨에 손님의 마음을 파고들 수 있는 하나의 찬스야. 특별한 걸 낼 필요는 없어. 고기 감자조림을 접시에 담아내기만 해도 손님은 기뻐해줄 거야.

'바쁘다'는 건 가게 사정이지 손님하고는 상관없는 일이잖아. 바쁜 시기라 해도 손님들은 평소와 똑같이 즐거운 시간을 보내고 싶어해. 거기에 얼마나 답해줄 수 있는지가 나중에 그들이 다시 찾아줄지 어떨지로 이어지는 거라고 생각해. 보통 연말뿐 아니라, 바빠서 매상이 올라가는 시기에는 반드시 접객의 질이 떨어지게 돼. 손님으로부터 "전에 왔을 때랑 다른데?"라는 말을 듣게 되지. 그래서 손님 수가 줄었다면, 이는 가게를 더 좋게 만들 수 있는 기회라고 생각해. 가게의 부족한 부분을 확실히 알 수 있기 때문이지.

손님의 발길이 뜸해질 때 반드시 해야 하는 건, 우선 찾아와준 손님의 얼굴을 기억하는 일이야. 이건 필수 조건이야. 그리고 다시 와준다면 꼭 말을 걸어야 해. 무슨 말이라도 좋아. 예를 들어 여자애가 와서 '저 애는 두 번째다'는 생각이 들거든 "요전에는 빨간 스웨터 입고 오셨죠?" 같은 얘기를 하는 거야. 손님은 자기를 기억해줬구나 하면서 기쁠 거 아냐?

거기서 더 나아가면 손님의 이름을 외웠으면 해. 예전에 어떤 가게에 처음 갔을 때, 거기 주인이 이름을 묻기에 "우노입니다." 했더니 금세 얘기할 때 이름으로 그냥 불러줬다 했잖아.
실은 그 가게에 다음번에 갔더니 말야, 아르바이

트 직원도 "우노 씨, 물수건이에요." 하더라고. 대단한 일이지.

자신을 기억해주고 있다는 건 언제, 어디서든 기쁜 일이야. 어떤 역 매점에서 있었던 일인데 골프 잡지를 사려고 했더니 "손님, 그건 벌써 사신 거예요."라고 매점 아줌마가 말해주는 거야. 그런 걸 다 기억해주다니 놀라기도 했고, 기쁘기도 했어.

우리가 하는 작은 이자카야는 지역에 뿌리 내려가는 그런 가게야. 동네 채소 가게나 세탁소나 마찬가지지. 이런 동네 가게들은 개개인의 얼굴이 보이는 관계를 맺고 있잖아. 그러니 이름을 외운다는 건 특별한 게 아니라 어떤 의미에서는 당연한 일인 거야. 음식점 중에는 커다란 사무소를 차려놓고 경영자는 손님의 얼굴을 전혀 보지 않는 그런 체인점도 있으니까 무심코 잊어버리기 쉽지만, 평범한 마을에서 오랫동안 가게를 해나가려면 반드시 필요한 일이야.

그러니 처음 가게를 가졌을 때도 가장 먼저 해야 할 일은 손님의 얼굴과 이름을 외우는 거야. 그렇게 주에 한 번은 들러주는 단골을 만드는 거지. 10평쯤 되는 가게를 시작했다 치고, 한 달 내에 10명의 단골손님을 만드는 거야. 그 동네에 사는 손님들이 저녁에 가볍게 한잔하러 갈까 생각할 때 떠올리는 가게 중에서 세 손가락 안에 드는 걸 목표로 삼아. 그게 가게를 성공시키는 비결이라고 생각해.

'싸니까' 가는
그런 가게로는
불황에 살아남을 수 없다

요즘은 다양한 가격 할인 서비스들이 눈에 많이 띄어. 하지만 가격 할인 서비스를 해봤자 힘들기만 할 뿐. 음식 값의 반에 해당하는 상품권을 돌려주는 서비스도 있지만, 대기업이면 몰라도 우리처럼 작은 가게한테는 의미가 없어. 우리가 목표로 삼아야 하는 건 '반값이니까 가는' 가게가 아니라 '재미있으니까 가는' 가게이기 때문이야.

우리 가게에서도 찾아준 손님한테 다음에 올 때 쓸 수 있는 쿠폰 같은 걸 주긴 해. '가격 할인 서비스를 전혀 하지 마.'라는 게 아니야. 쿠폰으로 손님을 불러 모으자는 생각을 해선 안 된다는 거지. 가게에 손님이 붙게 되는 건 싸기 때문이 아니라 그 가게에 매력이 있기 때문이잖아.

싼 걸로 승부하게 되면 라이벌은 편의점 어묵이나 맥주가 되는 거야. 가게에서 마시는 것보 │ 싸니까 가는 가게가 아니라 매력이 있어서 가는 가게로 만들어야 해.

다 집에서 마시는 편이 좋다고 생각해버리지. 하지만 가게에 매력이 있다면 그런 힘든 경쟁은 하지 않아도 돼.

애초에 가격 할인만 하다 보면, 손님은 '처음부터 재료를 그 가격에 맞춘 거 아닌가.' 하고 생각할 수 있어. 진정으로 손님한테 어필할 수 있는 '싸다'는 건 단순한 가격 할인과는 다르다고 생각해.

예를 들어, 자주 가는 고기집이 있는데 거기 주인아저씨는 "우리 고기는 정육점에서 사는 것보다 싸다고!"라고 해. 나는 그 아저씨가 고기에 얼마나 신경을 쓰는지 잘 알고 있으니까, '아, 질이 좋은데도 싸구나.'라고 순순히 생각하게 되지.

그리고 우리 가게에서 독립한 어떤 애 가게에서는, 카운터에 작은 수조를 놓고 그 안에 보리새우를 넣어놨어. 이것만으로도 다른 횟감까지 전부 다 굉장히 신선해 보여. 천재라고 생각했지. 그리고 누가 봐도 신선한 이 새우를, 여기서는 한 마리 180엔에 소금으로 먹음직스럽게 구워줘.

이 두 가게처럼 '싸다'는 건 부가 가치가 있어야 비로소 생겨나는 거라 생각해.

덧붙여서 우리 가게에서도 이베리코 돼지(도토리만 먹여 키우는 스페인 고급 돼지고기)를 싸게 들여왔어. 그게 어떤 유명한 고기집하고 똑같은 고기라서 손님한테는 '○○랑 똑같은 고기에요.'라는 어필을 할 수가 있었지.

생선도 마찬가지. 손님이 주문하기 쉽게 생선의 질은 그대로 하고 양을 줄여서 가격을 낮춘 적도 있어. 하지만 단순히 메뉴에 내린 가격을 표시하는 것으로는 손님한테 변치 않는 맛을 어필할 수 없어.

우리는 츠키지 어시장에서 배우고 30년 이상 생선 도매업을 하고 있는 주인한테서 생선을 납품 받고 있어. 그 도매업을 하는 주인아저씨가 츠키지에서 생선을 고르고 있는 모습을 사진으로 찍어 가게에다 붙여놨어. 우리 가게 회는 '왜 맛있는지! 어떻게 합리적인 가격인지!'를 설명하는 글과 함께. 이런 식으로 하면 메뉴를 매력적으로 보이게 만들 수 있어서 주문하고도 연결되지.

손님한테 메뉴를 어필하기 위해서 많이 이용하려고 하는 게 바로 '스태프들의 고향'이야. 도쿄나 오사카 같은 대도시라면 주인까지 포함해서 스태프 중에 지방 출신자들이 많잖아. 이건 반드시 무기로 쓸 수 있어. 출신지의 식재료를 메뉴에 집어넣는 거야. 고향 채소라든지 돼지고기라든지.

대단히 공들인 식재료일 필요는 없어. 간단히 "제 고향인 ○○ 파인데 진짜 맛있으니까 한번 드셔보세요." 하고 지방 이름을 말할 수

가게의 가치를 높이기 위해서
이용할 수 있는 건
어디에든 있어.

있다면 그것만으로도 PR 포인트가 되잖아. "동창 아버님이 지은 거예요." 이런 얘기를 할 수 있다면 채소 하나에도 스토리가 생겨나지. 스태프의 어머니가 고향에서 아이스크림을 만들어서 판다 치자고. 그걸 납품 받아서 "이 녀석 어머니가 만든 거예요."라고 한다면 손님도 '신기하다'고 생각하겠지. 그런 대화를 할 수 있다면 가게의 매력 하나로 삼을 수 있는 거야.

우리 가게 중에 고토 열도(큐슈 서북쪽에 위치한 열도)의 오징어를 파는 데가 있어. 스태프 부인의 지인 중에 그쪽에서 취미로 오징어 낚시를 하는 사람이 있어서 진짜 싼값에 보내준 거야. 식재료에 그런 배경이 있으니까 '아저씨가 이렇게 낚싯줄을 드리우면 저쪽에서 오징어가 날아온대요!' 같은 농담도 할 수 있지. 이건 대단한 강점이야. 츠키지에서 최고급 오징어를 받는다고 한들 이런 얘기는 할 수 없잖아.

거기다 아르바이트도 자기 출신지의 식재료에 대해 "가게에서 쓰고 싶으니까 좀 알아봐줘."라는 말을 들으면 기분이 좋아서 일의 동기 부여로도 이어지겠지. 그런 가게는 전체적으로 활기찰 거라 생각해.

식재료 외에도 가게를 어필하는 방법은 또 있어. 예를 들어 화장실 벽. 이건 꼭 이용해야 하는 도구야. 손님은 화장실에 들어가면 반드시 벽을 보게 되잖아. 그러니 어느 정도 팔리게 될지는 몰라도 판촉 전단지는 꼭 붙여놓는 편이 좋아.

직접 판매로 이어지지 않는다 해도 자기가 여행 갔을 때 찍은 사진 같은 걸 붙여두는 것도 괜찮지. "○○에 다녀오셨어요?"라며 손님과의 대화가 활기를 띠는 계기가 돼. 손님하고 좋은 관계를 맺으면 가게 팬이 되어줄 수도 있잖아.

그리고 말이지, 비 오는 날도 찬스야. 쓰다 버릴 비닐우산 같은 건 집에 남아돌곤 하잖아. 이것도 최고의 접객 도구가 되지. 손님을 배웅할 때 비가 내리기 시작하거든 "이거 가져가서 쓰세요."라며 내밀 수 있잖아. 가게의 가치를 높이기 위해서 이용할 수 있는 건 어디에든 있어. 그러니 마구 이용해줘야 해.

'파는 힘'을
기른다는 것

나는 싼 것만 내세워서 손님을 끌어들이는 그런 장사는 하지 않아. 그 이유는 재미가 없으니까. 가격이 싸니까 손님이 오는 가게가 아니라, 가면 즐거우니까 나도 모르게 발길을 옮기게 되는 그런 가게를 하고 싶어. '손님과 즐겁게 이야기하면서 메뉴를 판다.' 그렇게 하면 자기 스스로도 장사를 즐길 수 있잖아.

확실히 경제가 좋지 않은 시대에는 '싼' 것이 중요한 키워드가 되기 시작해. 하지만 아무리 불경기라 해도 말이지 '싼 것'만이 손님의 눈높이에 맞는 장사 법은 아니잖아.

예전에 말이야, TV에서 철재 메이커 이야기를 다룬 적이 있어.

철재라는 게 보통은 일정한 중량 단위로만 판매하는 거라고 해. 그렇게 대량으로 사면 개당 가격은 싸지지만, 조금만 필요하다면 남은 걸 창고에 보관해둬야 하니까 창고비가 들잖아.

그래서 그 철재 메이커에서는 10cm 단위로 잘라서 판매하기로 했다는 거야. 중량대로 파는 거에 비하면 비싸지만 창고비를 생각하면 이쪽이 더 이득인 경우도 많지. 더 대단한 건 반드시 주문한 그날에 납품해준다는 것. 이렇게 하면 상대적으로 다소 비싸더라도 충분히 납득할 수 있다는 거지.

음식점에도 '싼 것'에 의존하지 않는, 손님의 눈높이에 맞춘 발상이 필요한 게 아닌가 싶어.

싸게 판다는 건 롯본기나 긴자처럼 객 단가가 높은 곳에서는 다른 가게들과 차별화가 되어서 효과가 있을지 몰라도, 원래부터 싼 가게가 많은 데서는 특징이 되기 힘들어. 꽤나 어려운 방법이라고 생각해.

그러니까 가격으로 승부할 게 아니라, 싼 걸 내세우는 가게보다 100엔 더 비싸지만 '맛있고 즐거운' 가게를 생각해야만 해. 그렇지 않으면 어디서든 승부할 수 있는 힘을 키울 수 없다고 봐.

우리 가게 중에, 생선에 주력하려고 활어조에다 전갱이를 넣어서 손님 자리에서 보이게 해둔 데가 있어. 점장한테 "몇 마리나 팔 수 있

> 본전만 찾겠다는 각오로 목표를 높게 세우고 도전해봐. 그게 곧 '파는 실력'으로 이어질 테니까.

어?"라고 물었더니, "한 스무 마리…… 정도요."라는 거야. 바보 아니
냐고 화를 냈지.

이왕 '판다'고 할거면 20마리처럼 어중간한 숫자가 아니라, 50마
리, 100마리처럼 진짜 굉장하게 여길 수 있을 만큼의 숫자를 팔지 않
으면 의미가 없어. '남으면 어떻게 하죠?' 같은 생각을 할 시간에, 절
대로 남기지 않겠다는 마음으로 손님 한 명에게라도 더 말을 걸어야
만 해.

남을 것 같으면 얼음 위에 살아서 팔딱거리는 전갱이를 올려놓고,
"오늘 중으로 다 팔려고 하는데 신선한 전갱이 어떠세요?"라며 손님
자리로 가져가면 되잖아. 손님은 반드시 "오, 괜찮죠." 하며 주문해줄
거야. 그래도 망설이고 있다면 "그럼, 푸딩은 서비스로!" 같은 멘트를
연달아 던져봐도 좋겠지. 최종적으로 본전만 찾을 수 있으면 된다고
생각할 정도의 각오로 목표를 높게 설정해서 팔지 않으면 아무리 시
간이 지나도 '파는 능력'은 생겨나지 않아.

말은 이렇게 했지만 실은 우리 가게에서도 손님 수가 줄기 시작했
을 때 '반값 세일'을 한 적이 있어. 매일 하나씩 그날의 스페셜 메뉴를
만들어서 그걸 몇 인분씩 선착순 주문 받은 것만 정가의 반값으로 판
거야.

예를 들어, 두부에다 저민 고기랑 숙주 볶은 걸 올린 정가 800엔

짜리 요리를 생각해서, 선착순 몇 인분에 한해 400엔으로 하는 그런 식이야. 이거면 통상적으로 싸게 파는 것과는 달리, 기존의 상품 가격을 낮추지 않으면서 그 값어치를 어필할 수 있어.

하지만 이 '반값 세일'의 가장 중요한 점은 단순히 싸게 제공하는 것만이 아니라는 것. 이렇게 함으로서 '파는 능력'이 아르바이트들한테도 생기게 된다는 사실이야.

"반값에 드릴게요!"라고 할 수 있으면 아르바이트 애들도 손님한테 얘기하기가 쉽고 팔기도 쉽잖아. 실제로 이 메뉴의 대부분은 아르바이트 애들이 팔았어. 당장은 '반값 세일'에 의지했을지 몰라도 그러면서 실력이 길러진다면 세일을 중지해도 다양한 걸 권할 수 있게 되지. 아르바이트 직원한테 계기와 자신감을 주는 효과가 있다는 얘기야.

그리고 손님은 이 메뉴만 주문하는 게 아니니까 반값 메뉴는 많은 주문상품 중 '플러스 하나'가 되기 쉬워. 할인된 질 좋은 음식으로 가게 안이 자연스럽게 왁자지껄한 분위기가 돼서 밝고 흥겨워지는 것도 좋지.

또 하나, 이 작전의 좋은 점은 메뉴 개발력이 생긴다는 거야. 숙주와 돼지고기를 이용한 튀김을 만들어 본다든지, 꼴뚜기 튀김을 내본다든지. 비싼 값이라도 팔릴 만한 스페셜 메뉴를 무조건 매일매일 새로 내놔야 하니까, 다들 이것저것 머리를 쥐어짜내 생각하게 되더라고.

'판다'는 것은 ① 메뉴를 기획하고, ② 재료를 사서, ③ 만들고, ④

'경기가 안 좋을 때'라는 건
어떤 의미에서는 음식점 경영의
최고 교과서라고 생각해.
위기감이 있어서
다들 열심히 생각하잖아.

그걸 PR해서, ⑤ 실제로 판매하고, ⑥ 손님한테 "어떠세요?"라고 반
응까지 확인하는 것. 거기까지 빈틈없이 하지 않으면 안 돼. '반값 세
일'은 매일매일 이 ①~⑥의 훈련을 하고 있는 거나 다름없는 거야.

　'경기가 안 좋을 때'라는 건 어떤 의미에서는 음식점 경영의 최고
교과서라고 생각해. 위기감이 있어서 다들 열심히 생각하잖아. 그래
서 '팔기' 위해 떠오른 생각은 전부 다 해보는 거야. 들어맞든 실패했
든 간에 그게 가게의 저력이 되어가는 거야. 나는 진심으로 그렇게 생
각해.

장사의 신 _블랙에디션

2012년 9월 27일 초판 1쇄 | 2024년 7월 31일 25쇄 발행

지은이 우노 다카시 **옮긴이** 김문정
펴낸이 이원주, 최세현 **경영고문** 박시형

기획개발실 강소라, 김유경, 강동욱, 박인애, 류지혜, 이채은, 조아라, 최연서, 고정용, 박현조
마케팅실 양근모, 권금숙, 양봉호, 이도경 **온라인홍보팀** 신하은, 현나래, 최혜빈
디자인실 진미나, 윤민지, 정은예 **디지털콘텐츠팀** 최은정 **해외기획팀** 우정민, 배혜림
경영지원실 홍성택, 강신우, 이윤재, 김현우 **제작팀** 이진영
펴낸곳 쌤앤파커스 **출판신고** 2006년 9월 25일 제406-2006-000210호
주소 서울시 마포구 월드컵북로 396 누리꿈스퀘어 비즈니스타워 18층
전화 02-6712-9800 **팩스** 02-6712-9810 **이메일** info@smpk.kr

ⓒ 우노 다카시 (저작권자와 맺은 특약에 따라 검인을 생략합니다)
ISBN 979-11-6534-665-2 (03320)

쌤앤파커스(Sam&Parkers)는 독자 여러분의 책에 관한 아이디어와 원고 투고를 설레는 마음으로 기다리고 있습니다. 책으로 엮기를 원하는 아이디어가 있으신 분은 이메일 book@smpk.kr로 간단한 개요와 취지, 연락처 등을 보내주세요. 머뭇거리지 말고 문을 두드리세요. 길이 열립니다.